Crawl

Butterfly

Breast stroke

Back stroke

4泳法がきれいに泳げるようになる!

中央大学教授 水泳部監督
高橋雄介

高橋書店

ゆったりと、きれいに泳げるようになって心とカラダをリフレッシュさせましょう。

私は幸いなことに、いろいろな方々の泳ぎを見させてもらうチャンスに恵まれています。そのときに知ったのは、みなさんの目標が「泳げるようになりたい」人と、それを「うまく」、「もっとラクに」、「もう少し速く」、という人の、4パターンに分かれることです。『クロールがきれいに泳げるようになる!』では、「泳げるようになりたい」人向けにしっかり説明をしましたが、この本ではクロールを多少泳げる人がほかの泳法でもきれいに泳げるようにひとつひとつステップアップできる流れにしています。

人それぞれ、泳ぎ方やタイミングのとり方に違いがあります。それらを活かしつつよくする方法をたくさん紹介しているので、ひとつでもお役に立てればうれしく思います。

水泳に対して「苦しい」「きつい」のイメージが先にくる方々もいると思います。でも、水泳は簡単なんです。楽しくて、気持ちのいいものなんです。この本でそれを感じ、プールに足を運び、泳ぐ楽しさを味わってほしいと思います。また「泳ぎたい」方だけでなく、そういう人たちを指導している方々にも、コツや泳ぎのヒントが少しでも参考になれば、私にとってこのうえない喜びです。

泳いでみたい泳法から「ゆっくりと、きれいに、長く」泳げるようになりましょう。それが実現できれば、外界から完全に遮断された水の中で、何も考えずカラダをただゆったりと動かすことで、心身ともにリフレッシュさせることができるでしょう。

この本がみなさんの水泳技術の向上、そして心とカラダの健康づくりをサポートできることを心から願っています。

高橋雄介

もくじ

高橋式スイミング5つのポイント

背泳ぎをきれいに泳ぐ

平泳ぎをきれいに泳ぐ

バタフライをきれいに泳ぐ

Takahashi's Sw

クロールをさらにきれいに泳ぐ

①ラクに呼吸する

息つぎが苦手な人は水中で息を止めましょう。

吸って止めれば必ず浮く

息つぎで顔をうまく上げられない、という人はいませんか？　よく「水中では息を吐きましょう」といわれますが、水中でたくさん吐いてしまうと、もともと水より比重が大きい人間のカラダは、どんどん沈んでしまいます。だから、うまく顔を上げられなくなるんです。

そうならないために、水中では息を止めておきましょう。大きく空気を吸ってから止めておけば、肺が「浮き袋」となってカラダを浮かせてくれます。止めるといっても、鼻から多少出る程度なら大丈夫です。

この「止める」は、25メートルをラクに泳げない初級者には難しいかもしれません。その場合は「パッ、ハァ、ンッ」のリズムで、口呼吸から始めてみましょう。

水中では息を止めておき、顔を上げたところで「パッ」と勢いよく吐きます。その反動で「ハァ」と吸い込み、吸ったら

「シッ」と息を止めて、また顔を水につけます。慣れたら顔を上げる直前に、鼻からも少し吐いてみましょう。大きく呼吸する必要はありません。肺の中の空気を半分くらい交換するイメージですばやく吐き、吸うだけでいいんです。

これなら浮き袋（肺）があまりしぼまず、すぐに戻るので、カラダの沈みを抑えられるんです。

水圧の中で「吸う」ことに慣れよう

吸っているつもりなのに苦しくなるのは、先に「吐く」ことができていない人です。息つぎの際に水を飲むのがイヤで、顔は上がっても呼吸ができない人もいるでしょう。「息つぎしなければある程度泳げる」人はこのタイプです。でも、それだとすぐに疲れて、長く泳ぎを楽しめないですよね。

吐くことで新鮮な空気が吸えて、疲れずに泳げるんです。「パッ」と吐き、その反動で吸う練習をしてみましょう。

ふだんの呼吸は「吸って、吐く」リズムになっています。陸上なら息は、吸うことで広がった肺が元の大きさに戻ろうとして自然に吐き出され、また吸えます。ところが水中は水圧がかかるので、吐ききると吸うのが難しくなります。

泳ぐときは吸った息を止めて肺を広げておき、「吐いてすぐ吸う」意識をもちましょう。勢いよく吐き、その反動で吸ってください。

この呼吸法は陸上でも練習できるので、プールに行く前にコツを覚えておくといいでしょう。呼吸さえラクになれば、安心してゆっくり、かきやキックを覚えられますよ。

②まっすぐ浮く

ベストな水中姿勢は水面に平行に浮く状態です。

人間の重心はへそのあたりにある。しかし、浮くためのポイントである浮心は肺にあるため、下半身が沈んでしまう。額に体重をかけるようイメージすることで、浮心と重心のバランスがとれる。これで「水に乗っかる」ように浮かべる

水に乗っかるように浮く

ラクにきれいに泳ぐには、下半身が沈まないように「まっすぐ浮く」ことがとても大事です。

まっすぐ浮けないと、かきやキックの力を下半身を浮かすためにも使わなければなりません。かきやキックの力は、カラダを前へ進めるためだけに使いたいものです。

そこで、まず「伏し浮き」をして、水中姿勢を正しましょう。「いまさら伏し浮き……」と思われるかもしれませんが、じつは、これがうまくできていない人も多いんです。

まず、肺いっぱいに空気を吸い込んで、「ンッ」と止めます。止めたら手足を伸ばし、水面にうつ伏せになってみましょう。ゆったりと水に乗っかるイメージです。顔を真下に向けて、グーッと体重を額にかけていきます。

これでお尻や足が「フワリ」と浮かんでくるような感じがしたらＯＫです。

脚が浮く感覚をつかむ

下半身が浮きにくい人は、腰に「グッ」と力を入れて、脚全体を持ち上げてください。なるべく前に体重をかけるようにすると、この状態に近づけます。それでも脚が沈んでいく人は、ビート板やプルブイを太ももにはさんでみましょう。まっすぐ浮いた状態になる感覚がわかると思います。

この状態だとつんのめっているように感じるかもしれませんが、これが水面に平行な「まっすぐ浮く」状態なんです。

まっすぐ浮くことは、すべての泳法で「ラクに泳ぐ」ための基本となります。カラダ全体を水に乗っけるような感覚をつかんでおけば、泳ぎのコツも覚えやすくなっていきます。

この本では、たびたび「まっすぐ浮く」が出てきますが、筋肉質の人は下半身が沈みやすいですし、すべての人が「フワリ」と浮けるものでもありません。カラダのほとんどが水中にあっても、水面に対してまっすぐ浮いていれば大丈夫です。

まっすぐ浮く練習で「鼻や耳に水が入ってしまうのがイヤだな」と感じた人は、鼻せんや耳せんなどをつけてみましょう。水に対する恐怖心が薄れるので、上達も早まります。

③全身で水を感じる

ストリームラインで進む「感覚」を知りましょう。

水を「とらえる」感覚をつかむ

ここからは、4泳法に共通した「水のとらえ方」について説明していきましょう。このコツさえつかめれば、4泳法をきれいに泳ぐコツも飲み込みやすくなります。

とはいえ、水は形がないものなので「とらえる」という感覚はつかみにくいかもしれません。まずは「水のつぶ」をイメージして、泳ぎながらその感覚を徐々に確認していきましょう。

水の抵抗をできるだけ減らして進む

きれいに泳ぐには、伸びやかに「スーッ」と進む時間を長くとることがポイントになります。この「すべるように進む」感覚がいちばんわかりやすいのが、水から受ける抵抗をできるだけ減らす「ストリームライン」という姿勢です。

両腕で耳をはさむように手を重ね合わせます。腕を「グッ」と伸ばし、つま先までまっすぐな姿勢をとります。

実際に、このストリームラインで水中を進んでみましょう。一度潜って壁に足をつけ、上半身をまっすぐ伸ばしてから蹴るのがポイントです。

水を切り裂くように「ドン」とスタートすると、水の抵抗をモロに受けます。「グゥーッ」と徐々に力を入れて蹴り出しましょう。指先で分けた「水のつぶ」がカラダをやさしくなでて、つま先でひとつになっていく……そんなイメージで「スーッ」と進んでいく感覚がわかると思います。うまくなれば、25メートルプールの半分くらいまで進めるでしょう。

うまくいかない人は、①下半身が沈んでいる、②カラダがまっすぐ伸びていない、の2つの原因が考えられます。

①の人はつんのめるように、体重を前にかけていきましょう。

②の人は、カラダをまっすぐにしているつもりでも、両腕が曲がっていたり、お腹が出たりしていませんか? ヒジをしっかり伸ばし、下腹を引き締めるようにグッと力を入れましょう。太ももを持ち上げると、さらにしっかり伸びます。

鏡で正面と横から確認して、抵抗になりそうな出っぱり部分を直すのもいい方法だと思います。ストリームラインの姿勢をつくり、背中向きで壁際に立ってみてください。「手の甲・肩・背中・お尻・ふくらはぎ・かかと」が壁につくのが理想です。

そこまでできなくても、なるべく全身をまっすぐにする意識は忘れないようにしましょう。

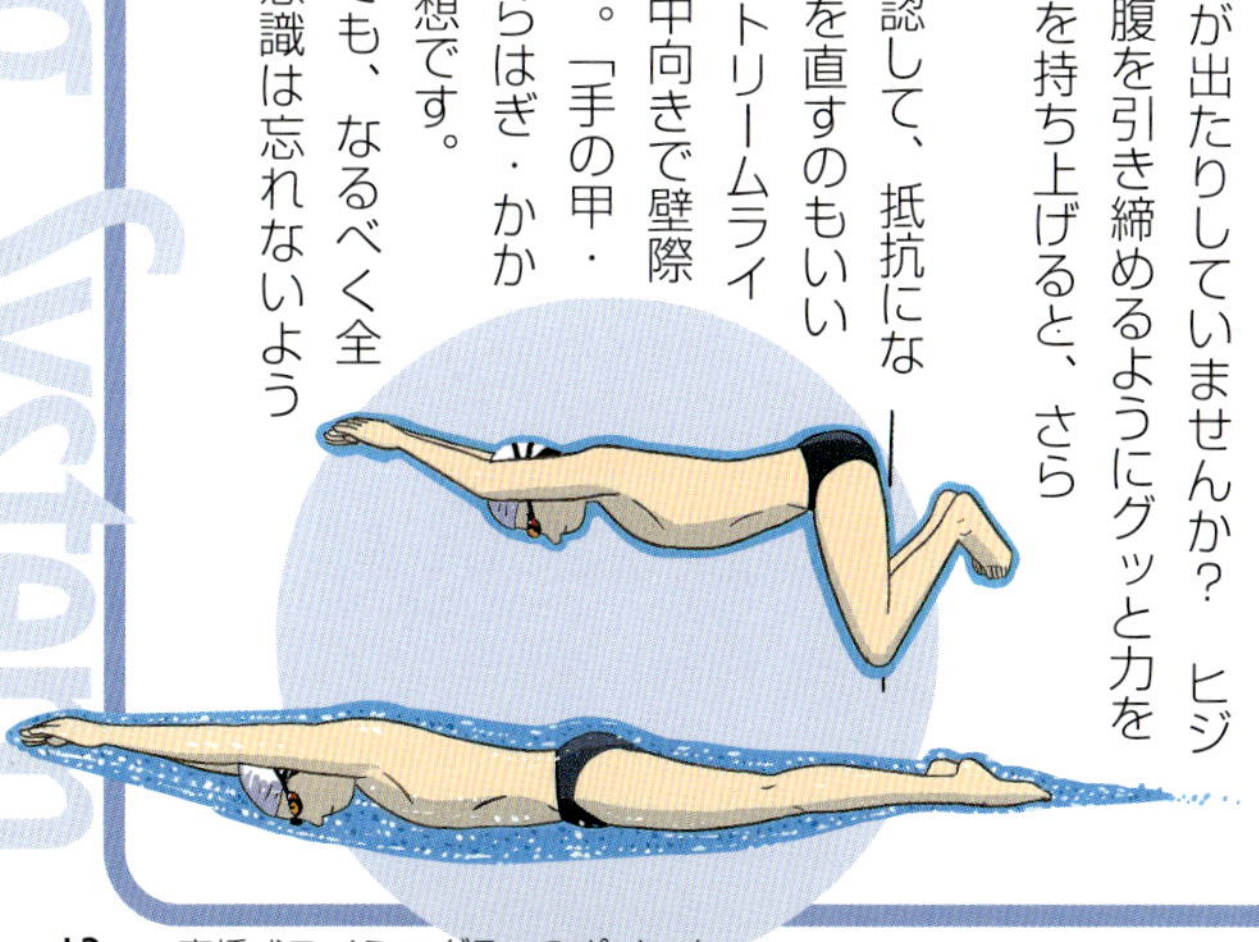

④水を後ろに送り出す

足首の力を抜いて蹴れば驚くほど進みます。

ビート板を持ってキックの練習

キックは、足をただ上下に動かすのではなく、後ろへ水を送り出すようにイメージして蹴りましょう。この感覚をつかむために、腕を前に伸ばし、まっすぐ浮いてキックします。

呼吸や浮き方に自信がない人は、ビート板を持ち顔を上げたまま、キックの練習をしましょう。顔上げや呼吸の動作を気にせず、キックだけに集中できるのでオススメです。

ビート板を持つときは、力を入れて側面をつかむのではなく、腕をしっかり伸ばして先端を軽く持つようにしましょう。こうすることで、肩に力が入って姿勢が立つのを防げます。伏し浮きに近い姿勢になるので、下半身も浮きやすくなります。

強く大きく蹴ってしまうと、水を送り出す感覚がつかみにくくなってしまいます。足首の力を抜いて、「ゆったり」キックをしましょう。

足首で水を感じる

キックの打ち方は、イルカをイメージするとわかりやすいでしょう。イルカはふだん、尾ひれを上下にゆったりと動かしているのに、スムーズに進みます。これは全身をしならせて、最後に尾ひれの先で水を後ろに送り出しているからなんです。

水泳の理想的なキックもこれと同じイメージです。太もも、ヒザ、と水をとらえ、しなった足首で最後に水を押し出せれば、効率よくスムーズに進みます。

足首が硬い人は、この動きがうまくいかないかもしれません。その場合は、ヒザから下を尾ひれのようにイメージして、水を送り出す感覚をつかみましょう。さらに足首のストレッチをすると、続けていくうちに動きはなめらかになります。

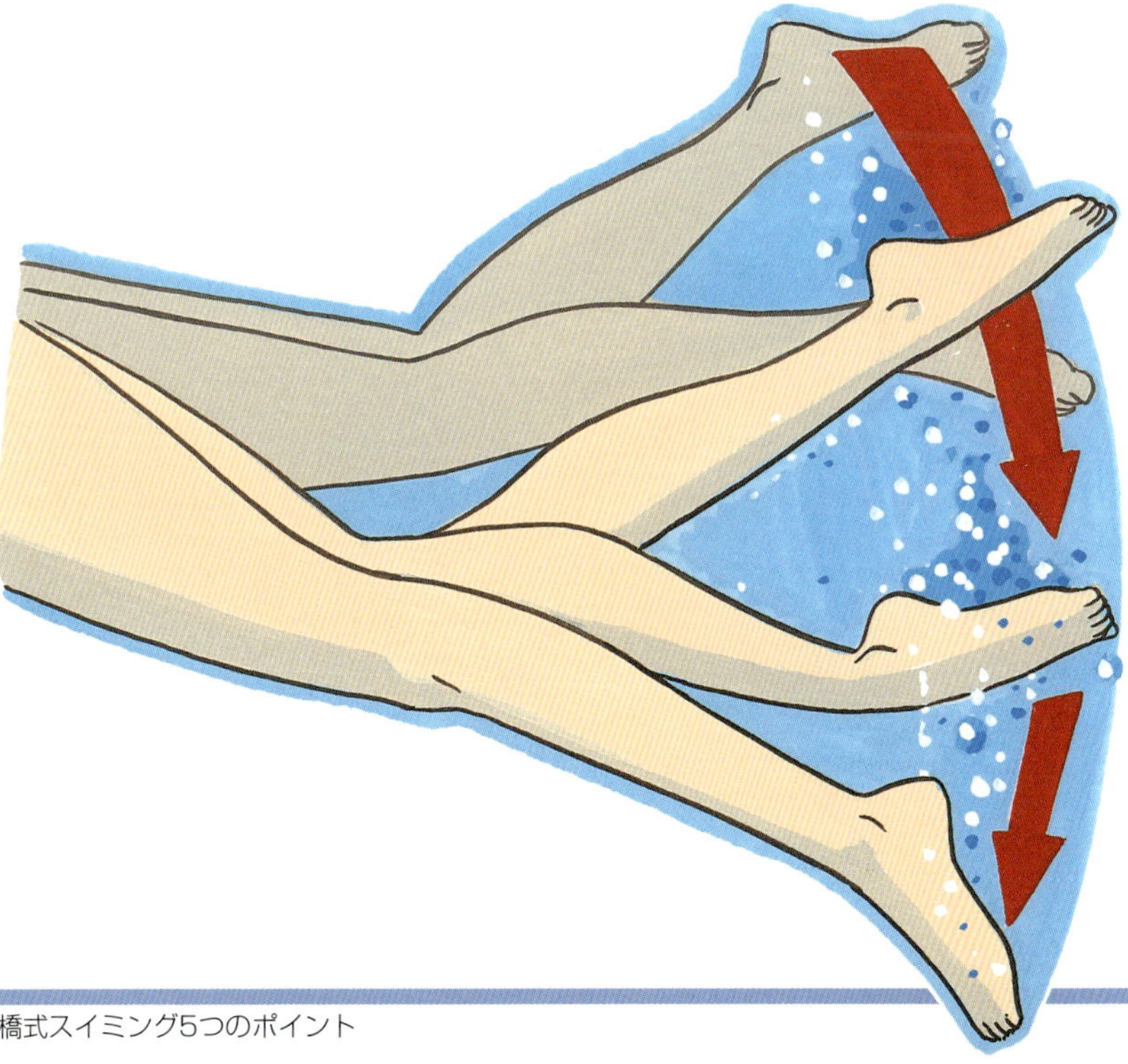

Takahashi's Swimming System

⑤水の感触をつかむ

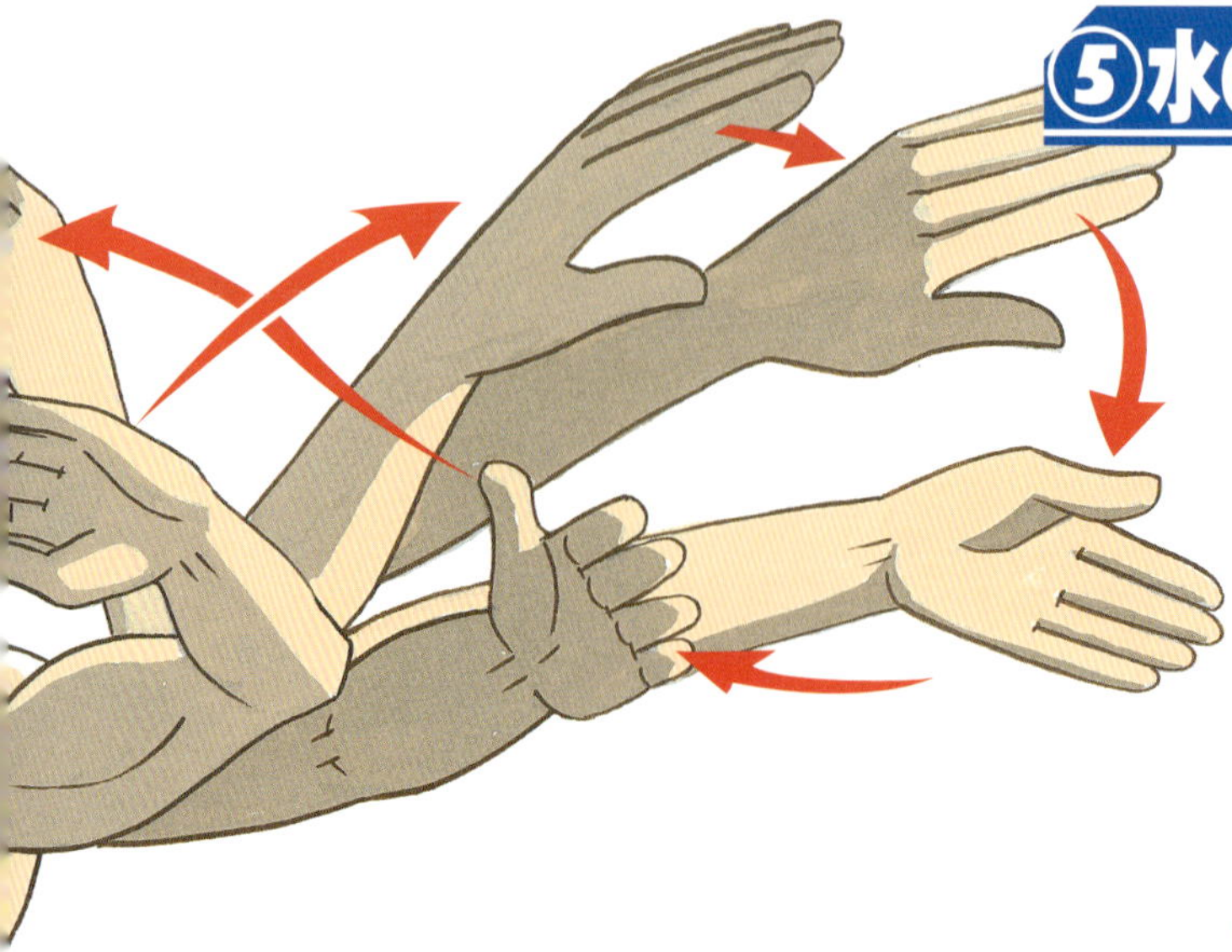

ゆったり大きく水をつかみカラダを進めましょう。

水をとらえながらかく

一気に力強くかいても、水は手から逃げるほうが多くなります。カラダをうまく進ませるために、水を上手にとらえることを意識しましょう。

このとらえる感覚を中・上級者は「つかむ」や「引っかける」といいます。実際につかんだり、引っかけたりするわけではありませんが、このようなイメージでかけると、小さな力でも「スーッ」とラクに進んでいきます。

最初は手のひらで試してみましょう。ヒジから先を水中の深さ15センチくらいのところに入れて指を自然に伸ばし、手のひらで横長の「無限大」の形（∞）を描きます。しっかりと手のひらで水の感触を受けたときが、とらえた瞬間です。うまくいけば、水面に渦ができます。

うまくいかない人は、下になっているほうの指で、意識して水をなでるようにするといいでしょう。なかなかイメージがつ

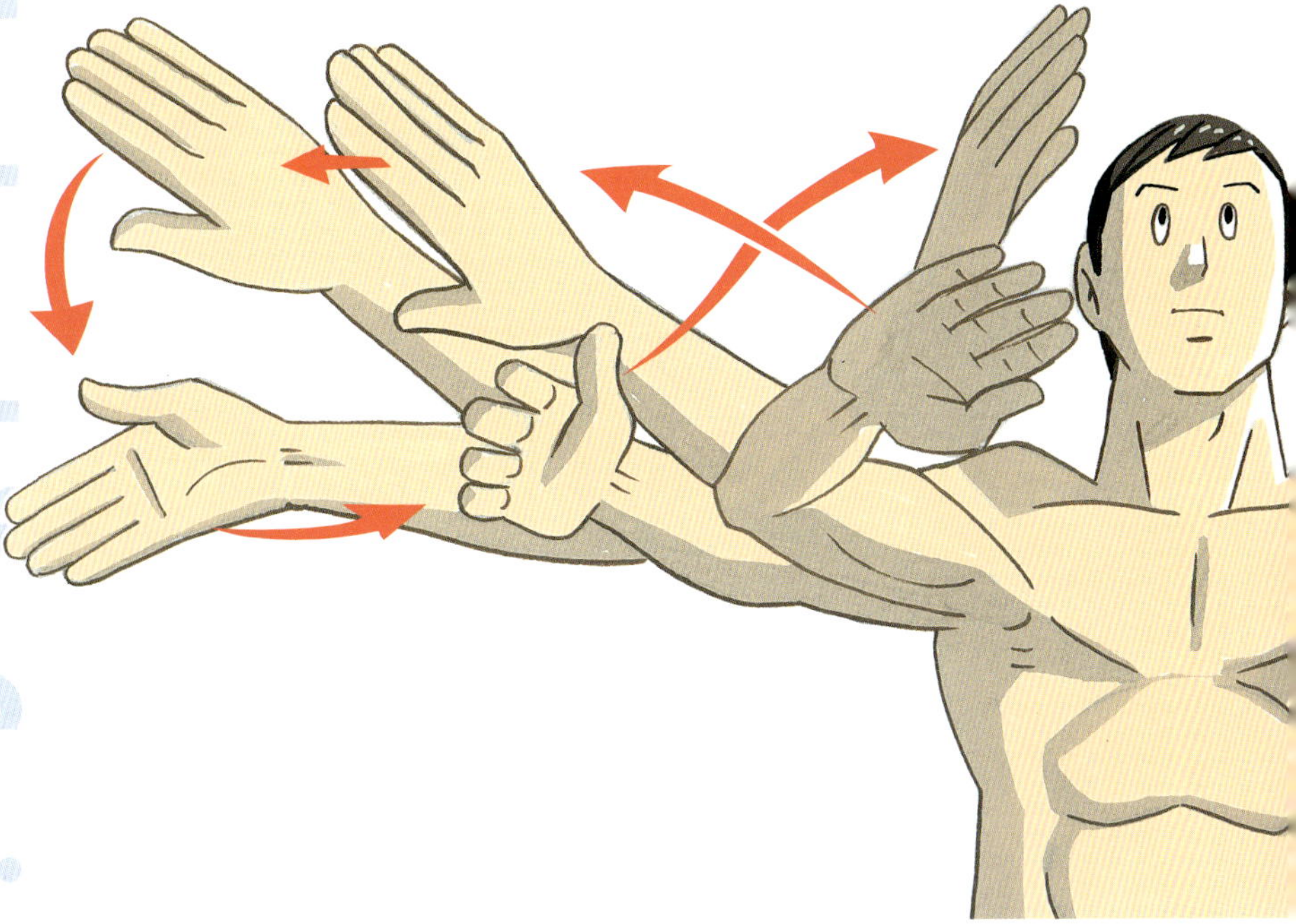

かめない人は、この動きで感触を覚えておきましょう。これを「スカーリング」といいます。

最初はゆっくり、徐々に速くかく

スカーリングを立った状態でして、水をつかむ感覚がわかったら、次は浮いた状態で試してみましょう。

体重を前にかけ、水に乗っかるイメージで浮かないと、手のひらで水をとらえる感覚はつかみにくいものです。かきの感触に集中するためにも、はじめは太ももにビート板やプルブイをはさんでやるといいでしょう。

両腕を前に伸ばして浮き、水面あたりからスカーリングを始めます。腕全体を少しずつ下げていき、水深15センチあたりで続けていると、とらえる感覚に出合えます。そこが、かきで水を「つかむ」ポイントです。ヒジが落ちている状態では水に力が伝わらないので、ヒジは高い位置を保ちましょう。

「つかむ」位置は4つの泳法でそれぞれ異なりますが、受ける感覚は同様です。どの泳法でも、この「つかむ」ポイントから徐々に力を入れてかくと、ラクに進むんです。

最初はゆっくりと、手のひらに水のつぶを集めるような感覚でかき、つぶが集まってきたところで力を入れる……。このイメージと感覚がつかめれば、水泳の上達はかなり早まります。

初級者必携のアイテム

ビート板の持ち方

きれいな泳ぎをつくる正しい持ち方があります。

軽く持って、肩の力を抜く

泳ぎを覚えていく過程で、ビート板は上達をサポートしてくれます。じつはこのビート板の持ち方にも、きれいな泳ぎを自然に身につけていくためのコツがあるんです。

ビート板は、腕の力を抜いて軽く前を「持つ」ようにしましょう。こうすると腕がまっすぐ伸び、ビート板に腕が乗る形になります。そのまま腕や肩の力を抜いていくと、まっすぐ浮いた姿勢がとりやすくなります。

腕や肩には力を入れず「伸びたカラダの両わきが支えてくれる」イメージができれば、足がしっかり浮いてラクに進める水中姿勢になるんです。

またこの本では、4泳法に共通する手のかきのコツで「ヒジを入れる」ことを紹介しますが、このヒジの形がビート板の持ち方しだいで自然に身につきます。

ですからビート板の横をつかんだり、肩に力が入ってしまう人は、このコツをとり入れましょう。水泳の基本がつまった姿勢をとり続けられるので、上達が一気に早まります。

ビート板を「持つ」ことに慣れてきたら、真ん中に手を乗せるだけにしてみましょう。カラダがしっかり浮き、さらに進みやすい水中姿勢が自然に身についていきます。

背泳ぎを きれいに泳ぐ

理想はゆったりした動作でも進む、きれいな泳ぎです。

4泳法中、唯一上を向いて泳ぎます。いつでも呼吸できるので、浮く感覚さえつかめれば、力を使わず簡単に、ラクに泳げます。動作のしなやかさ、美しさを追求しましょう。

Takahashi's Swimming System

理想はゆったりした動作でも進むきれいな泳ぎです。

しなりを利かせたキックで進む

あお向けにしっかり浮き、やわらかいキックで進むことから始めます。足首のしなりがポイントです。

水を大きくとらえてかく

かき始めで水を大きくとらえ、より多くの水を後ろへ送り出します。ヒジを入れるのがポイントです。

「あお向けに浮く」感覚をつかむ

4泳法で、唯一あお向けで進むのが、この背泳ぎです。「クロールや平泳ぎならできるのに背泳ぎは苦手」な人は、この背中側に倒れ込むことに恐怖感があるようです。

怖がればカラダは硬くなって沈みます。沈むとますます怖くなるので、泳げなくなってしまいます。でも逆に考えると、リラックスしてあお向けに浮きさえすれば、背泳ぎは水面からつねに顔が出ているので呼吸しやすいし、気持ちよく泳げるんです。

「浮くのがすごく難しいんだよ」と思った人も、安心してください。水に身をまかせてあお向けに浮くことと、鼻

入水後は前にひと伸びする

入水は小指から。すぐにはかき出さず、ストレッチングタイムをとって「スーッ」と伸びていきます。

Takahashi's Swimming System～背泳ぎ

に水が入る苦しさという最初のハードルを乗り越えるコツを紹介しています。さらに、まっすぐきれいに進むコツや、ラクに泳ぐためのコツもしっかり紹介しています。背泳ぎが苦手な人向けの、最初の目標である「25メートルをゆっくり泳げるようになる」ころには、恐怖心はなくなっていることでしょう。

また、不安定なあお向けの体勢で浮けるようになれば、ほかの泳法でも簡単に「浮く」ことができます。

優雅できれいな泳ぎをめざそう

背泳ぎは、伸ばした腕が水上で美しく半円を描いていく、とても優雅な泳法です。そこで背泳ぎを優雅に泳ぐために、「25メートルをゆっくり泳げる」ようになったら、次は、美しさを追求した泳ぎのコツを紹介します。キックを軽く打ち、腕を大きくゆったり回し、1かきごとに「スーッ」と伸びやかに進んでいく。このような、きれいに気持ちよく進む楽しさを実感してみましょう。

あお向けに浮いてみる❶

浮く感覚をつかむことから始めましょう。

力を抜きあお向けで浮いてみる

「伏し浮き(10ページ参照)」なら浮けるのに、水面であお向けになろうとすると沈む人は結構います。女性の中には簡単に浮く人もいますが、筋肉質の男性はたいてい足が沈みます。

そこでまず、大きく息を吸ってからしっかり止め、ゆっくり水の上に乗るようにしてみましょう。**手のひらで「水の細かいつぶ」を押さえる**ように、気持ちとカラダをゆるめてウォーターベッドに心地よく横たわる、そんなイメージです。

しっかり吸って息を止めていれば、口や鼻は必ず水上に出ます。安心してチャレンジしてみてください。

リラックスして上半身が浮いたら、次は足も浮かせましょう。ヒザを曲げれば腰を上げやすくなり、浮きやすくなります。そこで、ヒザから下を軽く動かしてみましょう。ゆったり浮こうとしているのに、蹴ろう蹴ろうと力ん

ビート板を使って、浮く感覚をつかもう

ビート板を抱えてラクに浮けたら、両側を持つようにしてみよう。顔は真上に向け、肺のあたりから水に浮かぶイメージで。イメージは水面に平行だが、キックする幅くらいは足が下がってもいい

では沈んでしまいます。足が自然に浮いてくる程度に、軽く動かしてみましょう。

天井をながめながら水の流れる音を聞いていると、心が穏やかになってきます。この気持ちのまま進むのが上達の秘訣なんです。

はじめは何かをつかんでもいい

背泳ぎが苦手な人が、浮いた状態を実感するのは大切なことです。でも、つかみどころのない水に、背中から倒れ込むのは、はじめは緊張するかもしれません。そんなときは、プールサイドやコースロープを片手で押さえながら浮き、足を動かしましょう。いつでもカラダを起こせるので、不安がやわらぐと思います。これで足が浮いてきたら手を離せばいいんです。

慣れたらビート板を胸に抱えてみるといいでしょう。1枚で沈むなら2枚、3枚と、力むことなくゆったり浮けるまで増やしてかまいません。腕の力みが抜けてきたら、枚数を減らす、両側をつかむ、のステップを経て、できたらビート板を外せばいいんです。

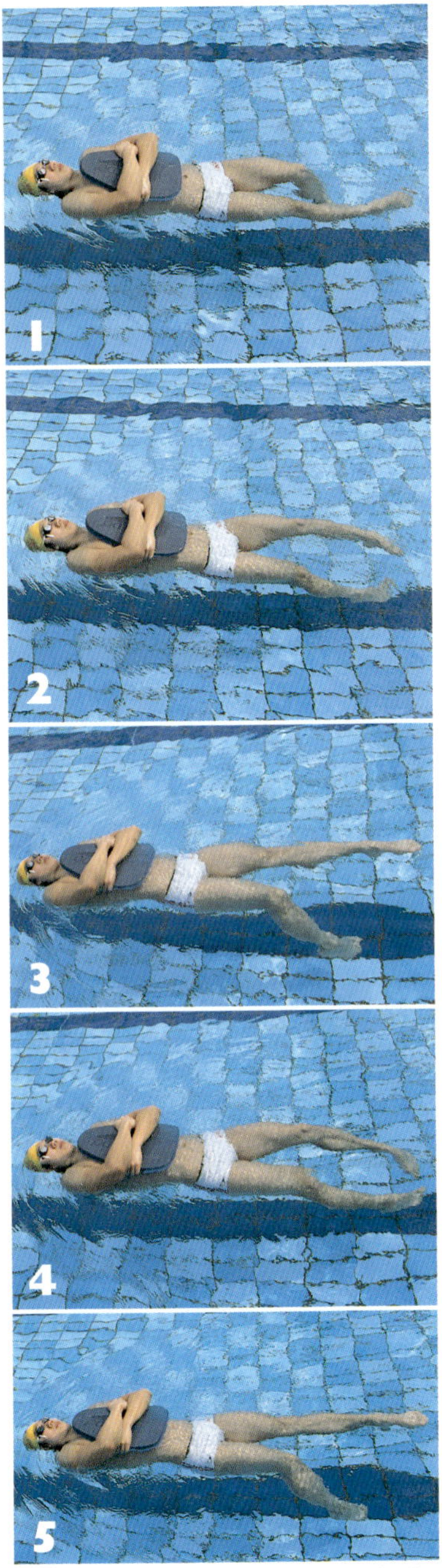

ビート板を抱え、浮いてみよう。ヒザを曲げれば、へそ近くの重心が上がってくるイメージがつかめる。これで浮きやすくなる

Takahashi's Swi背泳ぎSystem

あお向けに浮いてみる②

ゆっくりキックを打って水面を進んでみましょう。

支えてもらえばラクに浮ける

どうしてもあお向けで浮くのが苦手な人は、友だちや仲間に手伝ってもらうといいでしょう。

水面にあお向けになってもっとも簡単にリラックスできる方法は、**首の後ろを支えられながら「スーッ」と引いてもらう**ことです。ちょっと首に手を当てられるだけで、人は安心して力が抜けるものなんです。不思議なほど実感できるでしょう。

この方法でも、まだ下半身が沈む人もいます。その場合は、腰のあたりも支えてもらうといいでしょう。顔を真上に向け、ヒザから下を軽く動かしていきましょう。

支えてもらうとわかるんですが、しっかり浮いた状態は、想像以上に足が浮き上がっているように感じるものです。この状態がもっとも効率よく進める姿勢なので、泳ぎの中でも、この感覚を思い出してください。

「スーッ」と引いてもらう

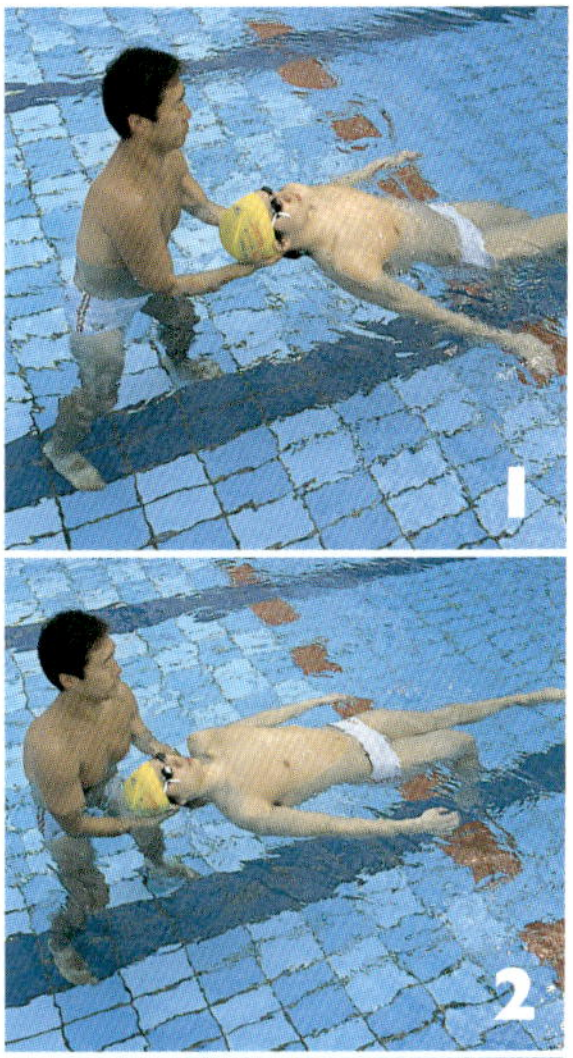

初級者には、首の後ろを持ち「ハイ、後ろに倒れてください、浮いていますよ、上を向いてください、軽くかるーくキックしますョ、スーッと引いていきますョ」と声をかけながら引いていく。タイミングを計って手を離すと、たいていそのまま沈まずに25mプールの端まで進んでいく

安定した姿勢でキックができたら、引いていた手をそのまま離してもらっても、浮いた状態で少しずつ進んでいくでしょう。

壁を蹴って進み具合と姿勢を確認

進みながらしっかり浮く感覚をつかんだら、あお向けで浮いて壁を蹴ってみましょう。蹴った勢いがあればラクに進むうえ、足も浮きやすくなります。そのままキックを続けましょう。

ここでつかみたいのは浮く感覚ですから、あまり進まなくても気にしないでください。進むよりは、足まで浮いている状態を確認しましょう。

バタ足が得意で十分進める人は、そのまま進んで向こう岸についてしまい、壁に頭や手をぶつけるかもしれません。プールには、天井を向いていてもあと5メートルで壁だとわかる旗や、ロープのラインがあるので、その印が見えたら泳ぎをやめるようにしましょう。

あお向けに浮いてみる③

「半分交換」の呼吸のコツで自然にカラダは浮きます。

一度に交換する空気は半分でいい

背泳ぎの呼吸も「パッ、ハァ、ンッ」です。息苦しくならないようにと、大きく吐いて吸おうとする人が多いようですが、大きく吐くと、「浮き袋」が大きくしぼみ、その分、カラダは大きく沈みます。

そうならないために、最初のうちは**半分吐いて半分吸うイメージ**で呼吸してください。すばやく吸えるので、カラダの沈みもある程度防げます。また、半分交換できれば、息苦しくなることはないので、安心してください。

鼻せんをつければラクに練習できる

背泳ぎを覚えていくうえでいちばんつらいのは、鼻に水が入ってしまうことかもしれません。

あの、ツーンとくる苦しさ…。これを避ける簡単な方法が「鼻せん」です。「鼻せんをつけるとカッコ悪い」と思われがちですが、全然恥ずかしいこと

背泳ぎの「パッ、ハァ、ンッ」の呼吸

どの泳法にもいえることだが、カラダの重心と浮心を近づける「ンッ（息を止め、肺に空気を入れ込むこと）」は大切なポイント。また呼吸での空気の交換は一度に半分程度が目安

「パッ、ハァ、ンッ」のもうひとつの効用
脳神経外科の医師の研究により、呼吸をいったん止めると、呼吸時に血管が拡張することがわかった。つまり、「パッ、ハァ、ンッ」は、血行がよくなり、疲れにくくなる呼吸法でもある

最近の鼻せんは痛みや違和感がない。つければ「ツーン」という痛みを感じることもない

なんてありません。それほど目立つものでもないし、最近の鼻せんはつけていて痛い、苦しいということもないのでリラックスできます。

これをつけるだけであの苦痛から解放されるんです。どんな練習も伸び伸びできるので上達が早まり、口呼吸にも慣れます。これである程度自信がついたら、外せばいいんです。

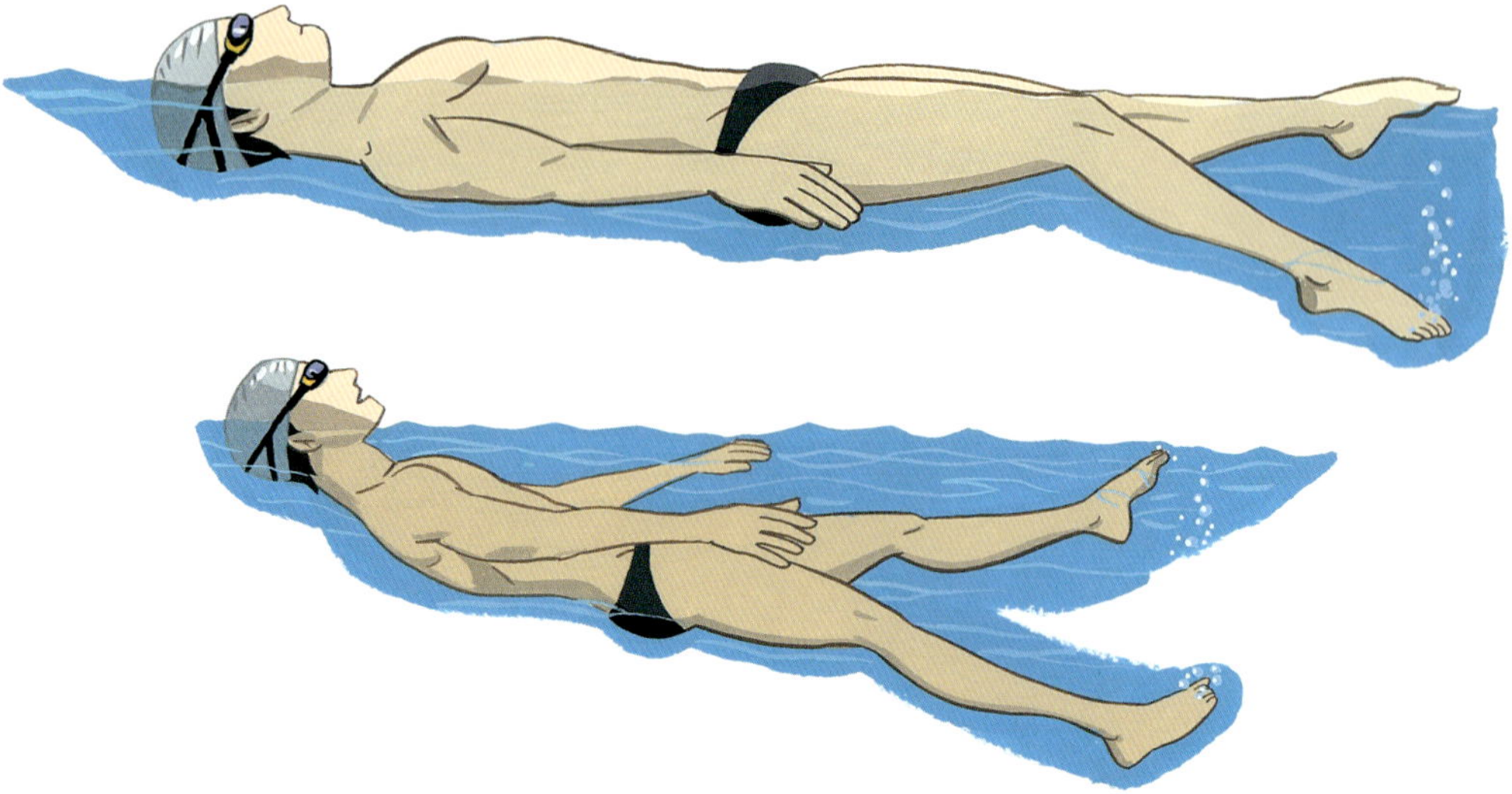

さらにしっかり浮くために

胸を張り、腰を突き出せばさらにしっかり浮けます。

上半身がグラつくなら肩甲骨を寄せる

「軽く足を動かしながら浮いて呼吸もできるのに、カラダがグラついたり、顔に水がかかりそうな感じがする」という人は、猫背のためカラダ全体が下がっているかもしれません。その場合は胸を少し張ってみましょう。

胸を張ると聞くと、反り返ってしまう人もいますが、それでは頭が沈んで顔に水がかかってしまいます。ここでいう「胸を張る」とは、背中にある左右の**肩甲骨どうしを「グーッ」と真ん中に寄せる**ようにすることです。

次に、張った状態の胸でカラダを支えるように浮いてみてください。こうすれば、肺に空気がたくさん入るうえに脚が下がりにくくなるので、沈み気味だったカラダもだんぜん浮きやすくなるんです。

また、水がかかるのを嫌い、アゴを引いて顔を起こす人もいますが、これではお尻が下がって沈みやすくなって

浮きやすくするポイント

姿勢の問題で下半身が沈む人もいる。猫背などの人は沈みやすいので、浮かぶときは腰を「グッ」と上に突き出すようにするといい

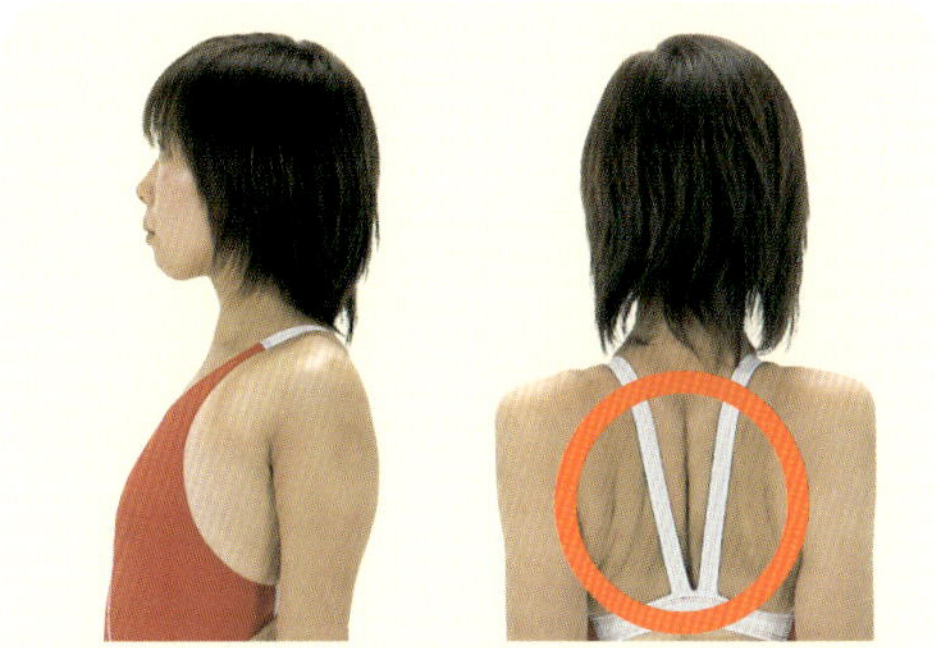

肩甲骨を寄せるイメージで胸を張る。こうすると、胸が「浮くための支点」となるので、上半身のバランスがとれる

バランスボールに乗って腰を動かせば、浮いたときに腰をグッと突き出すイメージがつかみやすい

しまいます。顔を真上に向ければ、カラダがまっすぐな状態で安定するので、顔に水もかかりにくくなります。

腰を突き出して下半身まで浮かす

次は、下半身までしっかり浮かせてみましょう。

ポイントは腰です。浮きながら腰を上に「グッ」と突き出すイメージです。そうすると、腰で下半身が支えられるようになります。

胸を張り、お尻を上に突き出すような姿勢がとれれば、呼吸によるカラダの沈み込みが小さくなるので、よりゆったりとした気分で浮けます。カラダからよけいな力が抜けるので、さらに浮きやすくなるでしょう。

これから泳ぎを覚えていく過程でも、「ゆったりと浮く」ことを思い出してやってみましょう。この気持ちよさに触れれば、また新鮮な気持ちで楽しく水に入れると思います。

Takahashi's Swi背泳ぎSystem

進むキックを打つ❶

軽くやわらかいキックでカラダを進めましょう。

やわらかいキックで進む感覚を

ここまで、浮くための方法を紹介してきましたが、感覚はつかめてきたでしょうか。まだ「自信がない」という人もあせらず、ビート板などを使いながら、紹介してきたコツを試してみてください。

浮く感覚がつかめた人は、足を浮かせるためのキックは打てているはずです。ここからは「気持ちよく進む」ためのキックに変えていきましょう。

まずは壁やプールの底を軽く蹴って、あお向けで浮きましょう。キックが得意な人は「スーッ」と進むでしょうし、そうでない人も少しずつ進むはずです。

浮いた状態で進んだらヒザを軽く曲げ、**足首の力を抜いてゆっくりキック**していきましょう。足首をやわらかく使えるのが理想です。

キックの幅を大きくすると、上半身がブレやすくなるので、軽くやわらか

ズーマーを使ってやわらかいキックを練習しよう

ヒザを軽く曲げ、ゆっくりキック。ズーマーを使えば進みやすくなるので、足首に力を入れなくても簡単に進める。これを使うメリットは、外してからも効率よく進んだときの動作をカラダにインプットできること。脳と神経は一度覚えた動きを忘れないのである

なキックで進みましょう。

はじめからプカリと浮く人などは、ヒザが曲がりすぎる傾向があります。その場合は、なるべく足が下がらないようにヒザを伸ばし、意識的に足首から先だけでキックしてみましょう。

ズーマーを使えば上達が早くなる

ズーマー（ミニ足ひれ）をつけると足の面積が横に広がるため、力を入れずにやわらかくキックしても簡単に進めます。筋肉質で下半身が沈んでしまう人でも、ズーマーをつけてキックの練習をすれば、簡単に浮く感覚、進む感覚がわかるでしょう。

今のところ、使用を禁じているプールが多いのは残念です。しっかり浮くため、進むため、さらにこれから紹介していく足の動かし方を覚えるための練習でも、ズーマーはとても役立つんです。プールに問い合わせて、使えるのであればぜひ試してみてください。

進むキックを打つ❷

足首がしなる使い方を意識してみましょう。

クロールをひっくり返したイメージ

30ページでは、やわらかいキックで十分に進むということを体感してもらいました。

次は背泳ぎが苦手なみなさんがめざす、「ゆったりした背泳ぎ」のキックをマスターしていきましょう。こまかな違いはありますが、はじめのうちはクロールがひっくり返った、と考えてください。

足首の形と使い方をマスターする

まずは上半身をゆったりさせ、これまでどおり腕を腰のあたりでラクにして、キックしてみてください。

そのとき、**脚はやや内また気味で、両方の親指がギリギリ触れない程度の**間隔にします。この形にすると足の横幅がズーマーのように広がり、水をうまく後ろに送り出せます。つまり、進みやすくなるんです。

足幅を広く使える形にしたら、ヒザ

足首のしなり

①両脚を内また気味にして、蹴り上げるほうの足首を内側に曲げる
②太ももから動かすようにし、ヒザが軽く動き始める
③足首に力を入れないまま、ヒザ下も動かす。水の抵抗で足首がしなるのがわかる
④ヒザが伸びると同時にしなっていた足首が水を後ろに送り出す動きを始める
⑤キックの最後に「ピッ」と力を入れ、足首をしならせていた水を一気に後ろへ送り出す

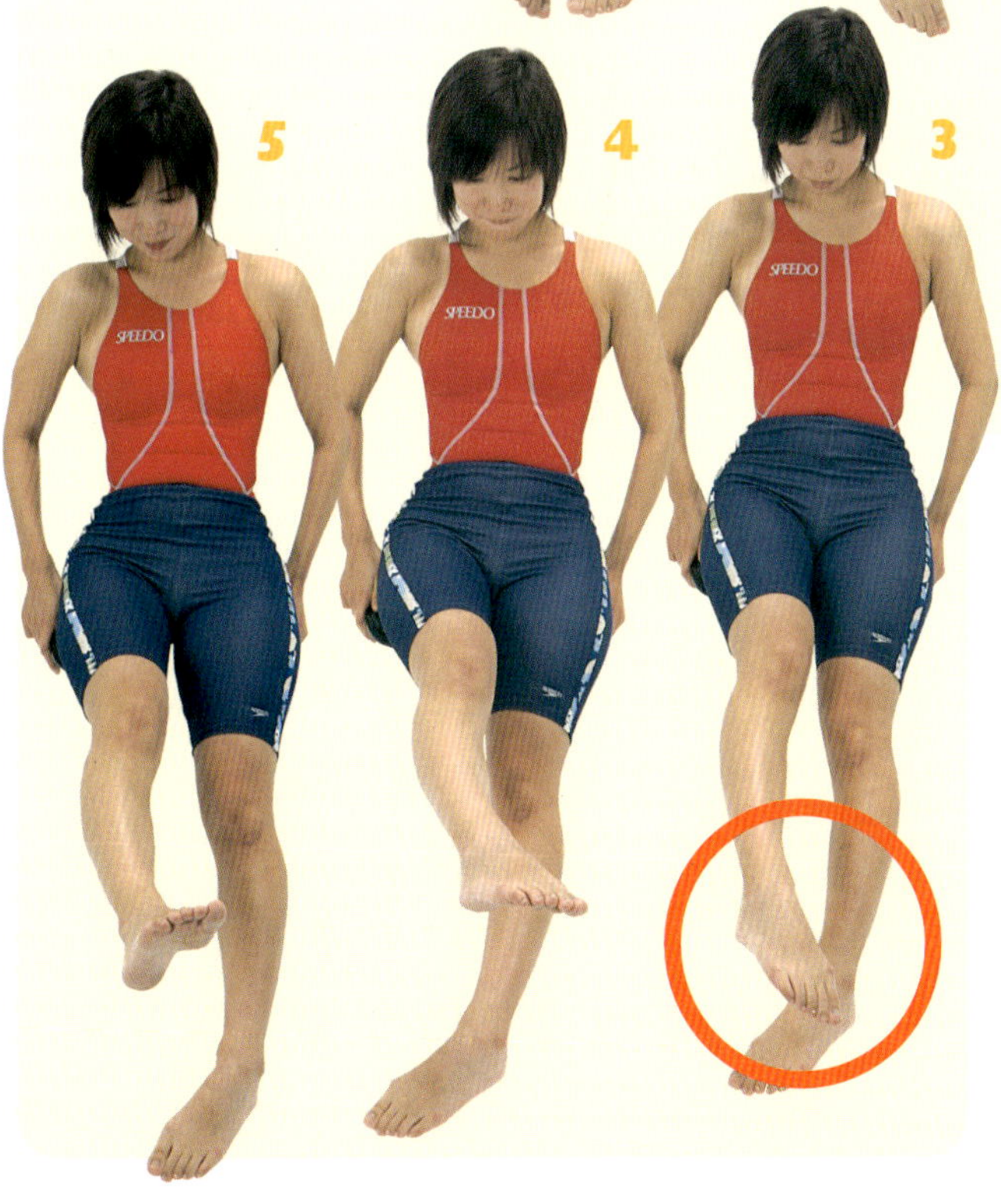

を軽く曲げ、足首に力が入らないようにゆっくりとやわらかいキックをしてみましょう。

足首の力がうまく抜けた状態でキックすると、蹴り上げのときに足首がしなるのが感じられるはずです。水面近くまで蹴り上げられたら、最後だけ「ピッ」と力を入れてください。

足首のしなりを利用して、一気に水を後ろに送り出せ、大きな推進力が生まれます。

足首の「形」と、ゆっくりなキックで最後だけ「ピッ」と力を入れる。このコツを覚えておきましょう。

進むキックを打つ③

効率のよいキックはワルツのリズムです。

「ズン、タッタッ」のリズムでキック

キックをとにかく懸命に打って、「すぐに疲れた…。しかも進まない…」という人も多いと思います。キックはゆっくり、やわらかく打てば十分進むと説明してきましたが「リズム」もとても大切です。

背泳ぎのキックは、ワルツのリズムで軽やかに打ちましょう。

ズン、タッタッ

ズン、タッタッ

最初の「**ズン**」はやや大きめに、次は「タッタッ」と軽く小さめに2回打てばいいんです。

左右どちらからでもかまいません。「ズン」も「タッタッ」も、足首だけにポイントを置いて打つようにしてみましょう。

ズン、と大きく打つと、太ももからキックを打つ感じがわかり、タッタッと小さく打ったときには、足首のしなる感覚がつかめます。

この「ズン、タッタッ」のリズムでキックできれば、小さく打っているのに大きく進むなど、いろいろなことに気づくでしょう。

ここで大切なのは、進んだときの感覚をカラダで感じることです。続けていけば、無意識のうちにだんだんと進むキックが打てるようになることでしょう。

ワルツのリズムで打つキック。32ページで足首の形や使い方を説明したが、はじめはあまり考えなくていい。一度にいくつものコツを意識すると、どれも中途半端になる。ちなみに背泳ぎのキックでは、おもに蹴り上げで進む。したがって「ズン」も「タッタッ」も蹴り上げのリズム。押し下げるキックも重要だが、ここでは考えず46ページ以降で

ラクに泳ぐ手のかき❶

まずは呼吸に合わせて腕を軽く回してみましょう。

はじめはキック90%、かき10%で

手のかきは、最初はこまかい動きなどにこだわらず、軽く回しているだけでかまいません。かく位置や手の動きなど、ポイントはいくつかありますが、はじめはキックだけで進み、ひとつひとつコツをつかみながら、少しずつ手のかきを覚えていきましょう。

比率でいえば「キック90%、かき10%」です。最初は本当にこれくらいでいいんです。日常生活で、腕を後ろ向きにグルッと回したりはしないので、これを「キックで進む」にとり入れることから始めましょう。

タイミングを合わせて腕を回す

34ページで、キックをワルツの「ズン、タッタッ」のリズムで打とうと述べましたが、手のかきも一定のリズムで行うと泳ぎがラクになります。

手のかきは、呼吸の「パッ、ハァ、ンッ」のタイミングに合わせるといい

「パッ、ハァ、ンッ」に合わせて腕を回そう

①呼吸とのタイミングを合わせて回すことに集中する。水中でかき終えて水から出すときに「パッ」と吐く
②水上に出したときに「ハァ」と吸い始める
③吸ったら「ンッ」と止めて腕を回していく。「ハァ」「ンッ」で肺を浮き袋にするから、重い腕が水上にある間もカラダは沈まない

水上の腕の重み

水上に腕があるときは腕の重さで沈むが、息を吸い込んでいれば肺の空気で浮力を得られ、カラダの沈みを小さくできる。さらに息を止め、腕を動かさない時間をつくれば、カラダは完全に浮かび上がる

でしょう。

背泳ぎでは、水から手を出したあと、半円を描いて再び水中に入ります。このとき、水上で回している腕の重みで、どうしてもカラダが沈んでしまう場合があります。

この沈みを防ぐにも、じつは手のかきを呼吸に合わせることが解決策なんです。

腕を水から出すときに「パッ」と息を吐き、腕を水上で回している間（腕の重みがかかるとき）に「ハァ」と息を吸い込んでおきます。吸ったら「ンッ」と息を止め、腕を頭上に伸ばして入水し、かきの動作を続けます。

腕の重みがなくても、吐いている間は沈みやすいので「パッ」の時間はなるべく短くしましょう。

出すときに「パッ」、回している間に「ハァ」、吸ったら「ンッ」。

まずは呼吸とのタイミングをしっかり合わせて、ゆったりと優雅に腕を回していきましょう。

ラクに泳ぐ手のかき❷

手は肩のラインあたりに小指から入水します。

ラクに泳ぐための手の入水法

手のかきは、入水（エントリー）してかき（プル）、かき終えたら（フィニッシュ）、抜き上げて半円を描くように前へ戻す（リカバリー）の4つの動きに分けられます。これらを一連の動作として、ゆっくり行えるようになりましょう。

ここまでは、呼吸とかきのタイミングを合わせることに集中するため腕は「ただ軽く回せばいい」と述べてきましたが、ここからは、そのかきを効率よくしていきましょう。

まずは入水の動作からです。

入水時のクセで初級者に多いのは、

❶水しぶきがたくさん上がる
❷入水の位置が定まらない
❸腕が曲がってしまい、頭の上に入る

などです。

①のようになるのは、早くかこうとして、力が入りすぎているからです。これでは背泳ぎの伸びやかさや美しさ

入水時の腕

入水する位置は肩のライン上、カラダの硬い人なら肩幅より少し開いた位置でかまわない

手首を外に折り曲げると、ヒジがロックされて曲がらなくなる。そのまま回していけば小指から入水できる。下のようにヒジを曲げながらの入水はNG

が出ません。入水後はすぐにかき出さず、ひと伸びしてからかくようにイメージしましょう。推進力が十分に得られるので、早くかく必要はないんです。

また、大きな水しぶきは腕の力を抜き、ヒジを伸ばして小指から入水することで解消されます。「回して戻す」にも関係してきますが、水上では腕を伸びやかに回し、入水の直前に手首を外に向けて曲げましょう。これでヒジがロックされ、うまく小指から入水できるようになります。

②や③になる人は「入水は頭の真上でするもの」と思っていませんか？　意識しすぎるとヒジが曲がったり、カラダの硬い人はカラダごとコースロープにぶつかってしまいます。

じつは、**入水する位置は「肩のラインの延長線上」**なんです。もう少し外側に開いてもかまいません。ムリして頭の真上まで回さなくていいんです。

一度身についてしまった動きを改善するのは、なかなか難しいかもしれません。きれいに小指から入水しているのに、その位置が定まらない人もいるほどです。

その場合は、慣れるまで意識的に「ななめ上」に入水してみてください。このイメージで、ようやく肩のラインあたりに入水できるでしょう。

ラクに泳ぐ手のかき③

ボート漕ぎをイメージしましょう。

「進むかき」へと変化させていく

肩のライン上に、小指からスッと入水できたら、続けて水中をかいていきます。呼吸とのタイミングを合わせるだけのかきから、推進力を生むかきへと変化させていきましょう。

推進力といっても難しく考えなくていいんです。「オールでボートを漕ぐ」のがイメージできれば十分です。

湖などでボートを漕ぐときは、オールを水にスッと入れ、水面近くで徐々に力を入れて「グッ」と水を押し出すようにかきます。

泳ぐときも、まさにこの動きなんです。入水したら、腕をまっすぐ伸ばしたまま、浅いところ、つまり**カラダの真横あたりをかいて**いきます。

「そんな浅いところでいいの?」と驚くかもしれませんが、背泳ぎが苦手な人は実際、背中の下に腕をグルッと回そうとして、深いところをかきがちなんです。

水中の手のかきは徐々に力を入れる

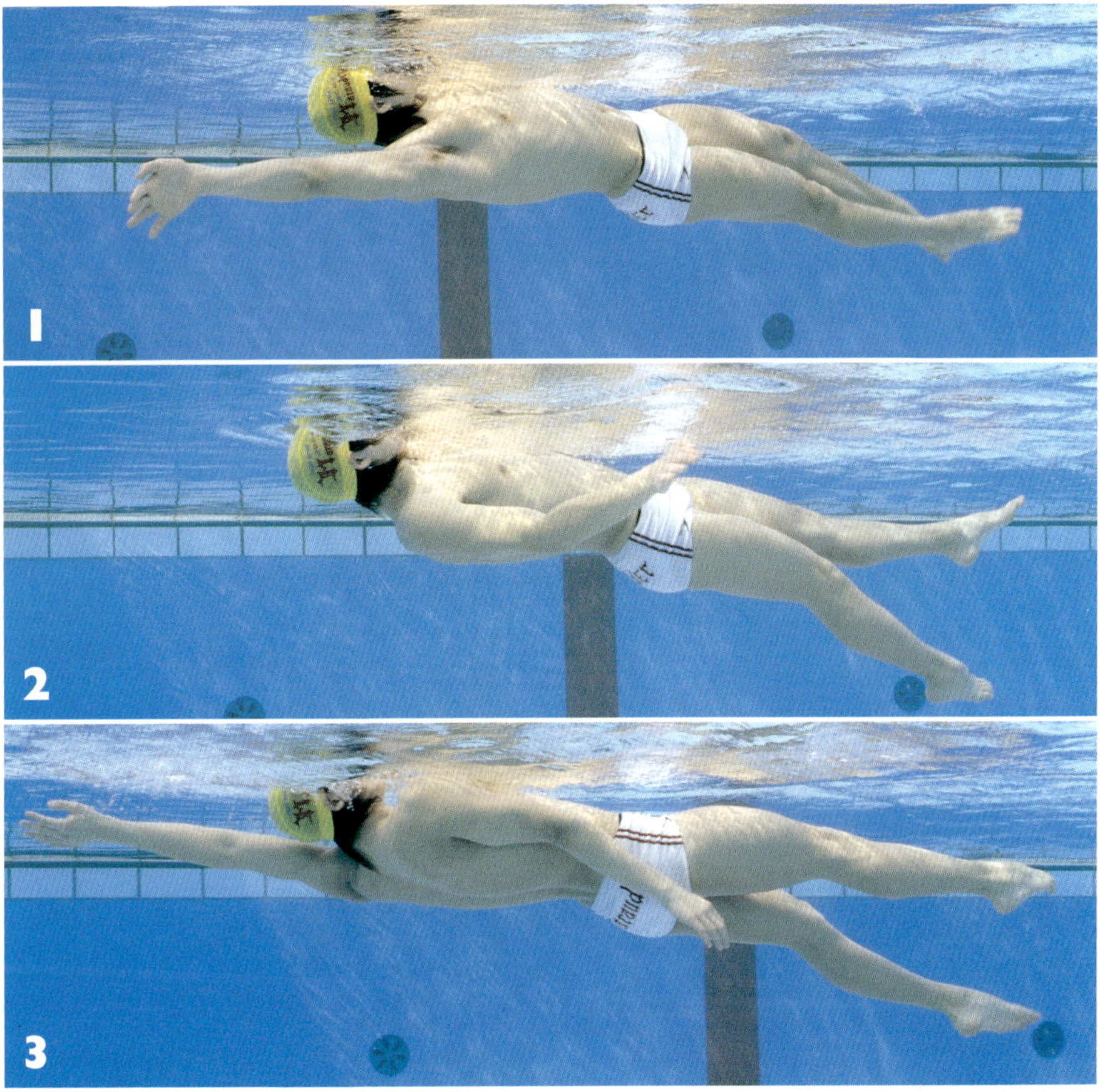

慣れるまでは、浅めのところをまっすぐ後ろへ水を送り出すようにかくとよい。手のひらを進行方向の逆に向けておくため、指先はつねに横の壁に向けておこう

でもボート漕ぎで考えてみると、深いところをかいたからといって大きく進めるわけではないですよね。大事なのは力の入れ方です。

指先をつねに壁のほうに向けておく

かくときは、指先をつねに横の壁に向けましょう。これは、手のひらを進行方向の逆に向けてかく、ということです。

手のひらを進行方向の逆に向けてかけば、大きく水をとらえて送り出せるのです。このかきで水の重さが感じられず、スカスカするようなら、ヒジが曲がりすぎて先に動いていないか、チェックしましょう。

ヒジが先行してしまうと、ただ水をなでるだけの動きになってしまい、水をうまくとらえられません。進まない人に多いクセなので、水中をかくときは、指先の向きとヒジの位置を確認しましょう。

ラクに泳ぐ手のかき④

力を抜いて伸びやかに腕を戻していきましょう。

腕をまっすぐ伸ばしたまま、力を抜いて回す

かき終えたら手首の力を抜き、スッと上げる

大きく自然に腕を上げよう

水上でもまっすぐ伸びやかに

ボートを漕ぐイメージで水中をかいたら、次は、かき終えたあとの手の抜き方と、水上での回し方（入水する位置まで手を戻していく動作）について説明しましょう。

腕をまっすぐ伸ばしたまま、太もものあたりまでかき終えたら、あとは手首の力を抜いてスッと水から上げていきます。

推進力を最後まで活かす「フィニッシュ」のしかたなどもありますが、25メートルをゆったり泳ぐ初級者の背泳ぎでは、それは気にしないでいいでしょう。

水中でかいていたときと同じように、腕はまっすぐ伸ばしておいてください。

手のひらをダラーンとさせ、手の甲を進行方向に向け、力を抜いて伸びやかに回していきましょう。

小指から入水し、すぐにはかき出さない

手首の力を抜き、手の甲を進行方向へ向けておく

きれいなキック❶

ストリームラインの形をつくって進みましょう。

両手を頭の上で組み、キックで進む

あお向けに浮き、ゆっくりなキックで進み、まっすぐゆったりと腕を回す初級者の背泳ぎを楽しめるようになったら、次は「きれいに優雅に泳ぐ」ことをめざしていきましょう。

まずは、ストリームラインです。背泳ぎでは、スタートとターン以外で両手を上で組むことはありませんが、キックやかきの推進力を最大限に活かす感覚をつかむために試してみましょう（12ページ「5つのポイント」❸参照）。

浮く感覚をつかむ練習では、手を腰のあたりに下ろして水を押さえていました。しかし、ストリームラインをつくると両手を上に組んだ分、カラダがタテ長になり重心の位置が下にズレたように感じてしまうかもしれません。

これでは下半身が沈みやすくなるので、さらに寝ころぶように、頭と手の先のほうに意識を傾けましょう。それ

きれいなストリームラインをつくるエクササイズ

肩甲骨を寄せるようにして、腕は耳の後ろをはさむようにする。この姿勢なら、上半身がサーフボードのようになるので、バランスがとりやすい。とはいえ、日常ではまずない動きなので「肩甲骨を寄せる」ができる人は少ないはず。そこで、だれでも簡単にできる肩甲骨の寄せ方を覚え、きれいなストリームラインをつくってみよう。
①腕を前に伸ばし、ヒジを90度に曲げる
②そのままの状態で腕を外側に広げていく
③広げていって「これ以上はキツイかな」と感じたら、そのまま腕を上に伸ばして両手を合わせる

でボディコア（体幹）で体重を支えるようにして、ゆっくりなキックで進んでください。

イメージはサーフボードです。まずは肺を中心に頭上近くで重心をとるように、全身をしっかりと浮かせることが大切です。平行に浮く感覚に慣れてきたら、**頭のてっぺんを引っぱってもらうイメージ**で、「スーッ」と進んでいきましょう。

カラダのフラつきを矯正する練習

両手を上に伸ばすと、左右のバランスがとりにくくなるかもしれません。カラダがフラつく人は、ゴーグルを外して額の上に乗せ、ストリームラインをつくってみてください。すると、カラダを平行に保とうとする意識が自然に働いて、カラダの左右のバランスが安定するでしょう。

下半身が浮いた状態を保つために、この練習では必ずキックを軽く打ち続けましょう。

きれいなキック❷

脚の下げで力をためればラクに進めるんです。

きれいなキックはムチのイメージ

30ページからの「進むキックを打つ」では、足首とヒザの2か所をやわらかく使うと説明してきました。ここからはキックの動作に脚のつけ根（腰）を加えましょう。

脚のつけ根から動かすキックとは、脚全体をムチにたとえるとわかりやすいでしょう。

ムチの端を持って動かすと、力は増幅しながら伝わっていき、反対の端まで届きます。きれいなキックはこのイメージがピッタリです。

腰から太ももに伝わった力が、ヒザ、足首へと伝達していくようにキックを打つには、太ももを上げてタメをつくり、そのためた力を使って、ヒザから下で蹴り上げていきます。最後に、しなった足首を「ピッ」と蹴り上げて水を後ろに送り出すんです。

もちろん、打つのはあくまで「ゆったり」です。

キックはムチのように

蹴り上げるときは腰から太もも（①）、ヒザ下（②）、足首へと、しなるムチのように、徐々に力を伝えていく。最後に足首に力を入れて「ピッ」と蹴り上げて、水を後ろに送り出す（③）。同時に、反対側は脚の裏側全体を使い、ゆったりと水を押さえ込んでいく。これによって、もう一方の蹴り上げがスムーズに行えるようになる

押さえ込んで、蹴り上げの力をためる

次にキックの戻しを意識しましょう。太ももの裏側、ふくらはぎ、足の裏と、脚の裏側全体を使い、力を少しため込むイメージでゆったりと水を押さえ込んでいきます。

ちょうど、**指でバネを押さえる感じ**です。グーッと押し下げてから指を離せば、反動でバネは勢いよく跳ね上がります。このイメージです。

実際は、一方の脚で水を押さえ込んでいるときに、もう一方で蹴り上げます。一方の脚で水を押さえているから、もう一方の蹴り上げに力が入るんです。

押さえ込むほうはゆったり動かしますが、蹴り上げるほうは腰、太もも、ヒザ下と、徐々にスピードを上げていき、足首のしなりを活かして水を送り出しましょう。一方は脚の下げを意識して水を押さえ込み、反対側の脚はムチのように動かせれば、きれいで上手なキックが打てます。

きれいな手のかき❶

入水後のひと伸びが水をとらえやすくします。

入水後はすぐにかき始めない

きれいでラクな泳ぎを身につけるために、手のかきに意識を向けてみましょう。

ヒジを伸ばして、小指からスッと入水するのは「ラクに泳ぐ手のかき❷（38ページ参照）」のとおりです。

そこでも軽く触れましたが、入水後はすぐにかき出さず、手を前に伸ばした姿勢のまま、かき始めるのを少しガマンしてみましょう。

キックと手のかきの推進力がついているので、カラダが「スーッ」と前に乗る感覚がつかめると思います。

この「スーッ」と伸びる時間（ストレッチングタイム）をうまくとることが上級者の背泳ぎ、習得の第一歩です。

このときの姿勢は、水の抵抗を受けにくいストリームラインが理想です。すぐにかき始めようとすると、手に水の抵抗を受けてブレーキになってしまいます。

ヒジを入れる動き

ヒジから先に力を入れ、その部分でかきを先行させる。力を抜いてヒジを内側に折りたたむのではないので注意。かき始めにヒジを入れるのは、胸からわきにかけての大きな筋肉が使えるから。腕だけでかくよりもラクにカラダを進められる。ヒジを入れられなければ、上体をちょっと起こし気味にして、さらに入水の位置を少し外側に置いてみるといい

トップスイマーの中には、さらに前へ乗っかりやすくするために、腕を大きくひねり、手のひらを下に向けてストレッチングタイムをとる人もいますが、優雅な背泳ぎをめざすのであれば、そこまでムリしなくても十分です。

かき始めで大きく水をとらえる

入水して「スーッ」とひと伸びしたら、かき始めで水を「とらえ」ます。これは、より多くの水を後ろへ送り出すための動作で、**かき始めるときにヒジをちょっと残す**（入れる）イメージで行うのがコツです。

こうすると、かき始めからヒジが立ち、水を大きくムダなくとらえられるんです。

泳ぎの中でいきなりこれを意識するのは難しいかもしれません。ただ、ヒジを残す（入れる）手の動きは陸上でもできるので、プールに入る前、あるいはふだんの生活の中で試してみるといいでしょう。

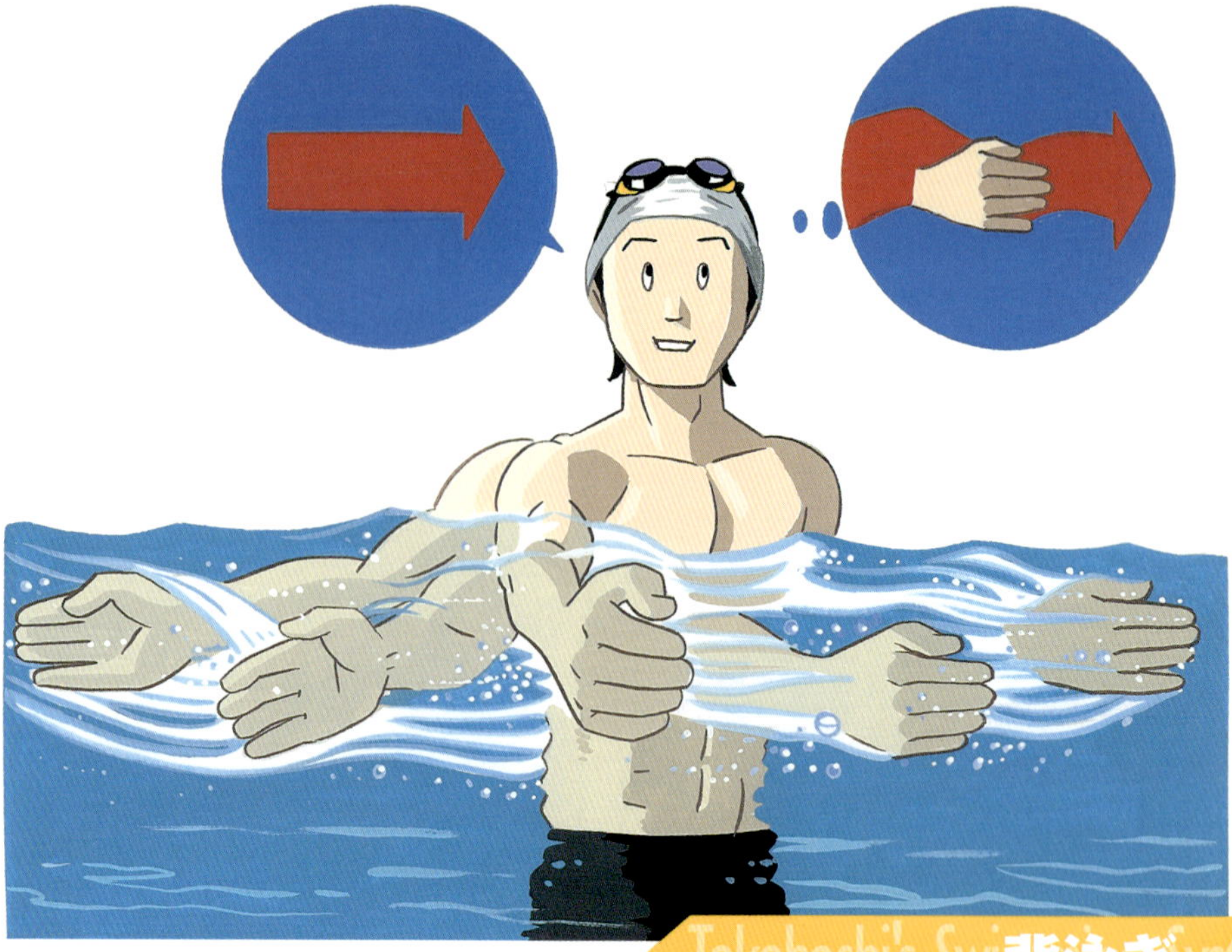

きれいな手のかき❷

とらえた水をうまく後ろへ押し出しましょう。

かきの軌道は自然にS字を描く

ヒジを残して大きく水をとらえられたら、これまで紹介したかきで十分うまく進めます。

「レベルの高い背泳ぎをめざしているのにそんなかき方でいいの?」と不満に思われるかもしれません。

たしかにトップスイマーの中には、入水したらヒジを残して水をとらえ、肩のあたりまで上方へかき、そこからへそのあたりまで下方にかき、最後は体側に沿わせるように抜き上げるというように、手を上下動させながらかく人もいます。

ただし、これは0.1秒のタイムを競うトップスイマーの話であって、あまり意識しすぎると極端にS字を描くことになり、後ろへ送り出すべき水がかえって手から逃げてしまいます。

試しに、水中で手を真横にダーッと動かしてみてください。一直線に動かしているつもりでも、上下にヒラヒラ

かき始めからかき終わりまで

横から見ると

ここで示しているのは、トップスイマーのかき方の一例。入水後、ひと伸びしたら、かき始めでヒジを残してキャッチ。大きく水をとらえて肩のあたりまで上に向けてかく

肩のあたりまできたら、今度はへそのあたりまで下に向けてかいていく

最後は「スッ」と水を送り出し、そのまま手を体側に沿わせるように抜き上げていく。これはあくまでも「速く泳ぐ」ためのかき方のひとつ。「きれいに泳ぐ」ことをめざすなら、とらえた水を逃がさないことを意識しておけばいいだろう

と揺れる感覚があると思います。

このように、うまく水を後ろに送り出すかきができていれば、手の軌道は自然にカラダの横でタテ長のS字に近い形を描きます。

さらに一歩進んだかきをめざす人は

この本でめざすきれいな背泳ぎでは、前述のかき方で十分ですが「もっと効率よく水をとらえたい」人は、S**字軌道の上をかくときには小指側を意識し、下へかくときには親指側を意識**してみましょう。あくまで「意識する」だけです。かき方は、ふだんどおりに行ってください。

きれいな手のかき❸

とらえた水を最後まで進む力に活かしましょう。

ラスト1滴まで水を送り出して進む

ヒジを入れて水を大きく「キャッチ」し、とらえた水をうまく後ろへ送り出すように、へそのあたりまでかいてきました。

次は、水中でのかき終わりの動作「フィニッシュ」です。とらえてかいてきた水を指先で最後までスッと後ろに送り出すイメージで行いましょう。

2タイプのフィニッシュ

フィニッシュには、水から抜き上げるときに、手のひらが上を向く「アップスイープ（次ページの写真左）」と、手のひらが下を向く「ダウンスイープ（同右）」の2つの方法があります。

競泳の世界では「アップスイープ」でのフィニッシュが主流になっていますが、ここではやりやすいほうでかまいません。

水中でのかきの動作を「最後まで進む力に利用する」意識が大切なんです。

アップスイープとダウンスイープ

アップスイープは、カラダからあまり離れない位置をかき、フィニッシュに力のポイントを置かず、体側に沿わせるように抜き上げる方法。ダウンスイープは、カラダからやや離れた位置をかいて、フィニッシュに力を込める方法。フィニッシュ後は手首の力を抜き、手のひらを下に向けて抜き上げる

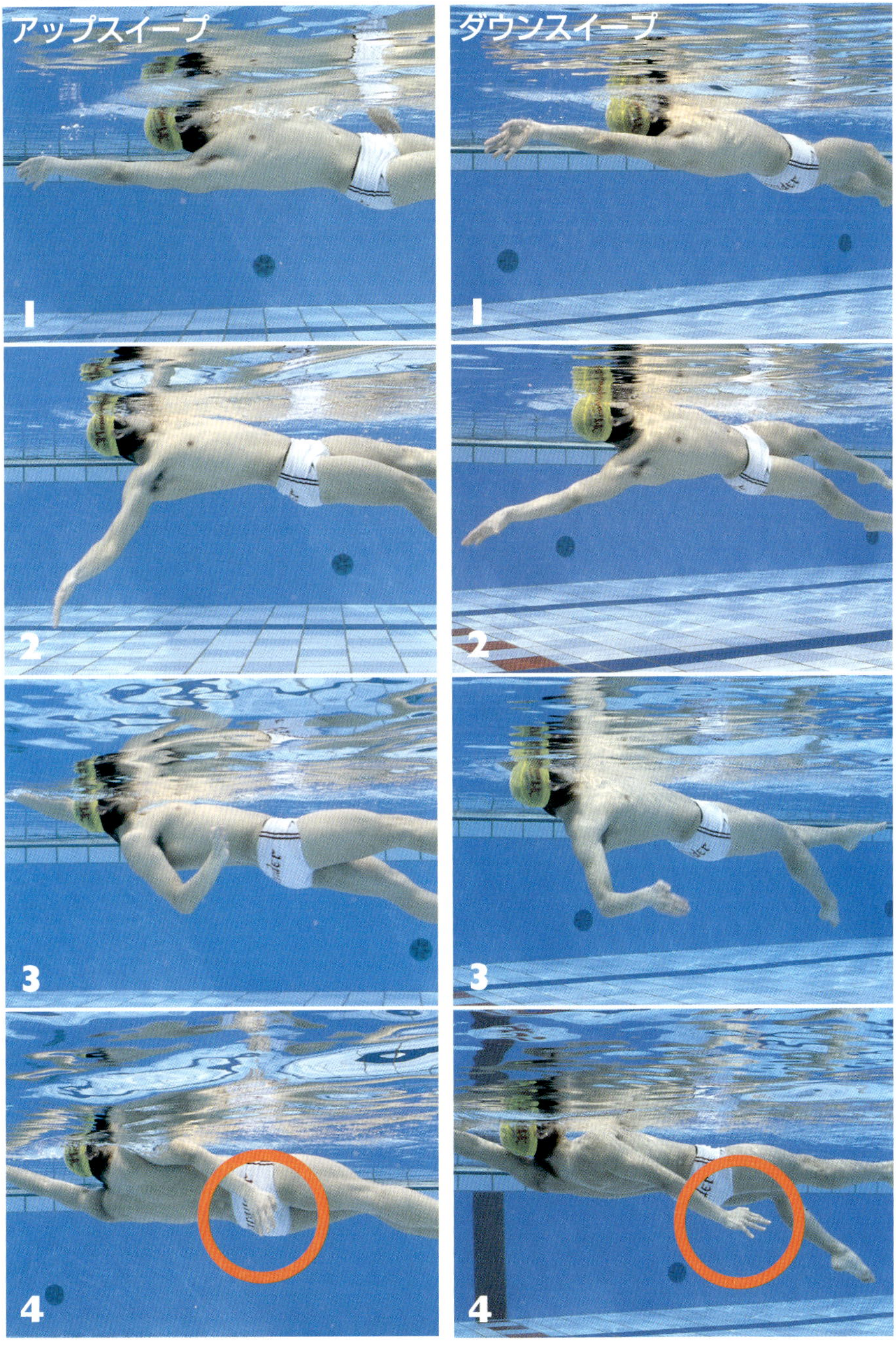

きれいな手のかき④

肩甲骨を使えば、きれいな水上の動きになるんです。

腕を肩から持ち上げて回していく

かき終えた手を水中から抜き上げて、再び入水する位置まで戻していく「リカバリー」。

優雅なフォームで泳ぐには、この水上を美しく伸びやかに半円を描く動作が重要なポイントになります。

そこで水中から手を抜き上げるときに、**肩から持ち上げる**ようにしましょう。肩が出たらヒジ、手首、指先と、順に出てくるようにします。

続けて、肩から持ち上げた腕をまっすぐ伸ばしたまま、肩甲骨を使って大きく回していきましょう。肩甲骨から回した分だけ、スムーズでしなやかなリカバリーになります。

肩甲骨から腕を大きく回すことで、きれいに入水しやすくなり、水の上をすべるように進むストレッチングタイムも長くとれます。

「スーッ」と伸びる、美しい優雅な背泳ぎになっているはずです。

リカバリーは美しく伸びやかに

手首の力を抜き、肩から腕を持ち上げる。手の甲を進行方向に向け伸びやかに回すのは、42ページで説明したとおりだが、肩甲骨を使って回せば、さらにスムーズでしなやかなリカバリーになる

もっときれいに泳ぐために❶

キックで疲れるときは回数を減らしましょう。

「ズン、タッタッ」をゆっくりと

ここまで、背泳ぎをラクにきれいに泳ぐための、キックや手のかきの形を紹介してきました。

リズムについては、キックなら34ページで紹介したワルツのリズムでいいでしょう。

でも、ただ「ズン、タッタッ」を意識するだけでは、リズムそのものがだんだん速くなる人もいるかもしれません。上達してくると懸命に泳ぎがちなので、これはよくあることなんです。がんばるのはいいことですが、それではすぐに疲れてしまいます。

ゆったりとした、きれいな背泳ぎをめざす人は、同じワルツのリズムでも、大きくやわらかな手のかきに合わせて**ズゥン、タッ、タ〜**くらいのイメージでキックを打ってみるといいでしょう。

このリズムで大きな筋肉を使うキックの回数を減らせば、だんだん疲れにくくなります。

1かきで「ズン、タッタッ」

かくときに「ズン」、ストレッチングタイムでひと伸びする間に「タッタッ」。リズム自体が速くならないように気をつけよう。ゆっくりとしたリズムのキックでも疲れる人は「タッタッ」のキックを、軽く動かす程度にしてみよう

「タッタッ」を軽く動かす程度に

中級者以上の背泳ぎのキックでは、押し下げ、蹴り上げと、脚全体を使うので、ゆっくり、ゆったりと行っても疲れてしまう場合があります。

そんなときは「ズン、タッタッ」の「タッタッ」の部分を、軽く足を動かす程度に切り替えてみてください。ゆるやかに優雅に、魚の尾ひれをゆらすようなイメージがいいでしょう。

これまでよりずっと長く、背泳ぎを楽しめるようになりますよ。

もっときれいに泳ぐために②

腰をちょっと回すと肩も回しやすくなるんです。

1

腰から先に、ローリングし始める

2

肩がスムーズに、キレよく回る

ボディコアからローリング

腕を肩から回してかけるようになると、きれいな背泳ぎになりますが、これがなかなかうまくできない人もいると思います。そんな人は、肩ではなく腰（体幹＝ボディコア）からカラダを回すようにしましょう。

この動きを「ローリング」といい、こうすれば、これまで「肩を回すのがつらいな」と感じていた人も、ラクに回せるようになります。

じつは、背泳ぎをスムーズに泳ぐための最大のポイントはこのローリングなんです。

肩を使って腕をなんとか回せる人も、**ローリングの直前に腰をちょっと先に動かすイメージ**で回してみてください。驚くほどラクに、キレよく肩が回ります。

背泳ぎの場合、キックでもローリングが入ります。これは脚の裏側のキックが表側よりも弱いため、十分に蹴り下ろせず起こることです。姿勢が安定したクロールのキックとは違いますが、自然に回るので、意識的に行う必要はありません。

腰を先に少し回すことで、肩はスムーズに、キレよくローリングする

反対側も、腰から先にローリング

頭とカラダの軸をブレにくくさせるメリットもある

もっときれいに泳ぐために③

「バサロ」でスタートすれば泳ぎ始めから美しくなります。

あお向けで打つドルフィンキック

泳ぎ始めから水を気持ちよく感じられ、しかもきれいなのがスタートやターンで使う「バサロキック」です。潜水しながらあお向けでドルフィンキックを打つ泳ぎ方で、すばやく進めます。「ゆったり優雅」というこの本の理想からは多少外れますが、進む姿の美しさには目をみはるものがあります。バサロができれば、より一層トップスイマーの泳ぎに近づけるでしょう。

バサロを覚えるための4ステップ

バサロキックに初めてチャレンジする人のために、4段階の練習法を紹介しましょう。本来の練習では水を鼻から吸わないように、ほんの少し空気を出しますが、慣れるまでは鼻せんの着用をオススメします。

❶スタートの練習。壁を蹴り、ストリームラインをつくって、あまり深くない水中を進みます。深さの目安は

バサロのドルフィンキック

やや内またにして、両足首を内側に曲げる。これでしなりやすくなる。両足が同時に動かない人は、親指どうしが軽く触れるようにすると動かしやすい。また、ヒザを曲げすぎると進行方向が下向きになるので、浮き上がりにくくなる

1メートルです。

❷①の速度が落ちる前に、あお向けでドルフィンキックを打ちます。最初はストリームラインの姿勢からヒザ下だけで蹴り、次は太ももから、最終的にはみぞおちあたりから動かすイメージで練習しましょう。うねるキックが理想になります。大切なのは脚の裏側全体で水を押さえてから蹴り上げることです。この「押さえ」で、蹴り上げる力をためるのです。

❸バサロで「グーン」「グーン」と水中を進み、浮く手前でふつうの背泳ぎのキックに切り替えます。この切り替えのときに一瞬、動きが止まりやすいので注意しましょう。

❹③でタイミングをとり、手をかいて、フィニッシュでカラダを浮き上がらせ、自然な形で背泳ぎに入ります。また、バサロ中は息を止めておきましょう。軽く鼻からもれるくらいならかまいませんが、大きく吐くと、浮き上がりにくくなってしまいます。

フロントスカーリングドリル

横向きで浮き、下側にくる腕を前に伸ばす。このとき手のひらは下に向ける。キックは軽く打ってもよい。意識を手のひらに集中してヒジを入れ、水のつぶをとらえる感覚をつかもう。手のひらに体重がしっかりと乗るようにするのがポイント。

1

2

背泳ぎのドリル

ここでは、これまで解説してきた「背泳ぎをきれいに泳ぐ」ためのコツやポイントを、連続した動作の中で確認したり、修正したりするときに最適な3つのドリルを紹介します。

上のフロントスカーリングは、入水したあとのキャッチで、水をうまくとらえる感覚を確認するドリルです。横になっているのでヒジを入れやすく、あお向けのときより水の感触をラクにつかめます。

この姿勢で、キックの感覚をつかむドリルが、64ページのサイドキックです。これも横になることで、足の蹴り、戻しにかかる力が均等になり、キックの動作のポイントがラクにつかめます。

左のフライオンバックは、バタフライのドルフィンキックをあお向けで行います。背泳ぎの動きではありませんが、ムチのようなキックを体感するには最適なドリルです。

フライオンバックドリル

あお向けで浮いて、ドルフィンキック（バタフライのキック）で進む。ボディコア（体幹）から太もも、ヒザ、足首まで力をうまく伝えて、ムチのような脚の動きを体感しよう。水泳でよく使われる、胴体と脚のつなぎ目の筋肉の刺激にもなる。

サイドキックドリル

横向きで浮き、下側にくる腕を前に伸ばす。このとき手のひらは下に向ける。この姿勢でキックして進む。横になることで、ふつうの背泳ぎ姿勢ではわかりにくい脚の戻し（背泳ぎでは押し下げ）の感覚がつかめる。顔だけ横に向きカラダはななめになってしまう人が多いので気をつけよう。

平泳ぎを きれいに泳ぐ

水の抵抗を減らし、伸びやかに進むのが理想です。

優雅さやゆったり感が味わえる泳法です。「ゆったり優雅」と「速く」では泳ぎ方が異なりますが、いずれもテクニックとタイミングが重要です。水中を「スーッ」と進む感覚を楽しみましょう。

Takahashi's Swimming System

水の抵抗を減らして伸びやかに進むのが理想です。

足の裏で水をとらえてキック

泳げない原因のほとんどがスネの筋肉を使わず、足の裏で水をとらえていないため。まずはスネの筋肉を使うことから覚えていきましょう。

とらえた水を徐々に加速してかく

ヒジを立てて水をとらえ、徐々に加速して胸のあたりまでかいたら、手首のスナップで前にそろえます。

水の抵抗を減らしたきれいな平泳ぎ

「ほかの泳法は苦手だけど、平泳ぎなら泳げる」という人は結構多いようです。水からしっかり顔を上げて呼吸できるので、比較的泳ぎやすい泳法といえるでしょう。

平泳ぎは、大きく2つのタイプに分けられます。

1つは、手足を大きく回すように動かして泳ぐタイプ。多くの人がこの泳ぎ方をしていると思います。ゆったりとした動作で長く泳げるので、カラダが浮きやすい海での遠泳などには向いていますが、動作が大きい分、水の抵抗を受けやすく、見た目もきれいとはいえません。

前に伸びてストレッチングタイム

息つぎをしたら、すぐ前に伸びましょう。キックのあとのストレッチングタイムで効率よく進みます。

Takahashi's Swimming System～平泳ぎ

もう1つは、ムダを省いた小さめの動作と水の抵抗を受けにくい姿勢をつくって「スーッ」と進むタイプです。最近のトップスイマーの泳ぎといえば、わかりやすいかもしれません。見た目が美しく、水の中を進む気持ちよさが十分に味わえます。

ここで目標とする「きれいな平泳ぎ」は、もちろん後者のタイプです。

大きな動作での平泳ぎができる人も、この機会に「きれいな平泳ぎ」にチャレンジしてみましょう。

必ず泳げるようになる

なかには「平泳ぎがどうしてもできない」という人もいるでしょう。

でも、大丈夫です。

私の経験から、必ず泳げるようになるコツを紹介していきます。次ページからのコツをひとつずつ身につけて「きれいな平泳ぎ」をマスターしましょう。

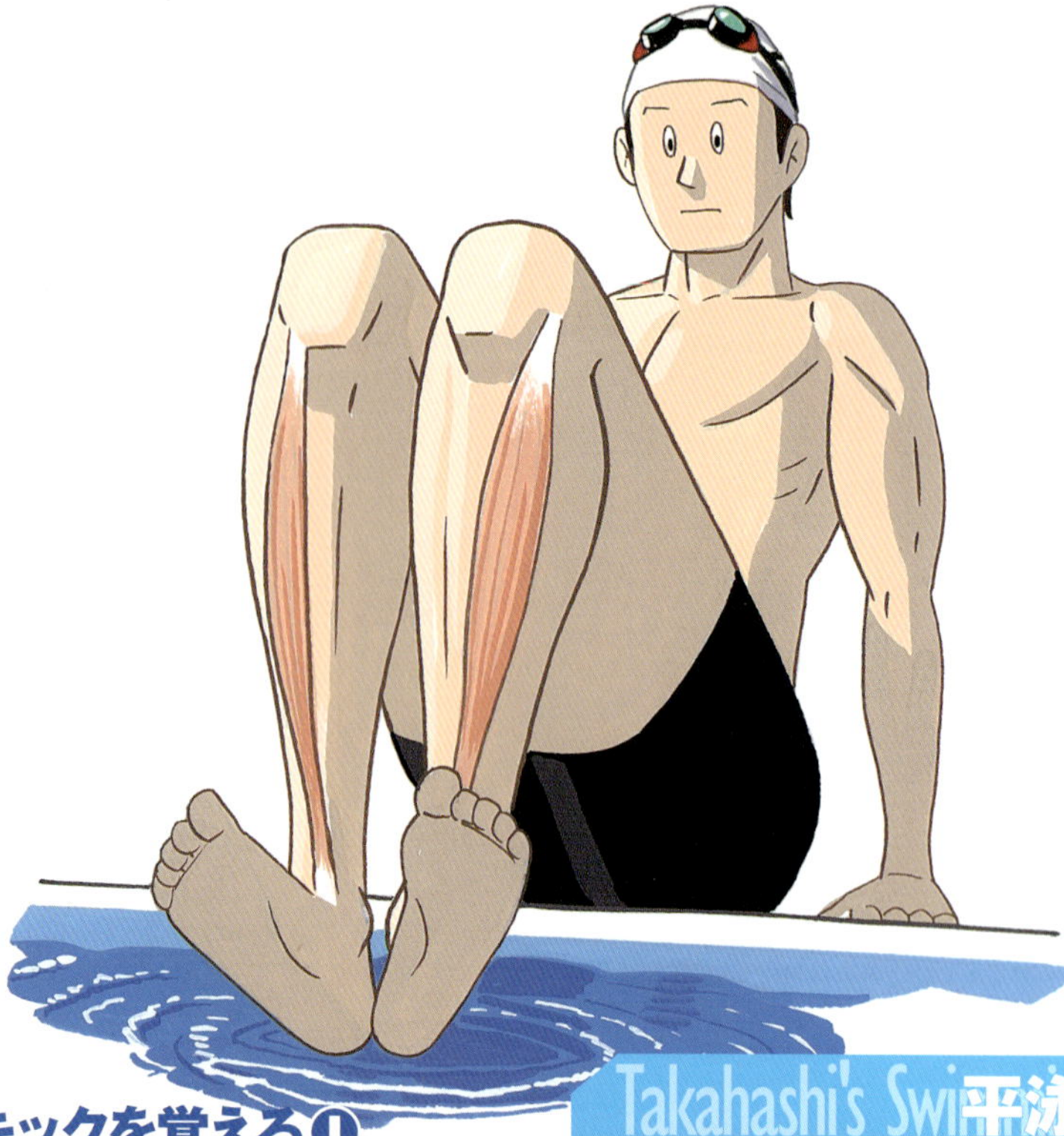

進むキックを覚える❶

スネの外側の筋肉が収縮する感覚をつかみます。

足の裏で水を押し出すために

平泳ぎの正しいキックは、足の裏で水を押し出すようにしてカラダを進めます。泳げない人のほとんどはこの動きができず、つま先で水を切ったり、足の甲で水を押すようにキックしています。これを「あおり足」といい、これさえ改善すれば、キックで簡単に進めるので、必ず平泳ぎができるようになります。

では、あおり足の改善法から説明していきましょう。プールサイドに腰かけ、両足をそろえて足首を持ち上げてみてください。スネの外側にある筋肉を使っている感覚が意識できると思います。この筋肉が足の裏で水を押し出す形をつくってくれるんです。つま先をグッと持ち上げ、**スネの外側が使われている感じをキープ**するのがポイントです。

足首の硬い人はうまく上げられないかもしれませんが、できるところまで

スネを意識してキックの動きの練習

最初は水の上で、スネの筋肉への意識づけから、陸上でイスなどに腰かけて行ってもよい。足首を持ち上げてキープ→伸ばして休むをくり返す。これだけでもスネの筋肉が張ってくる

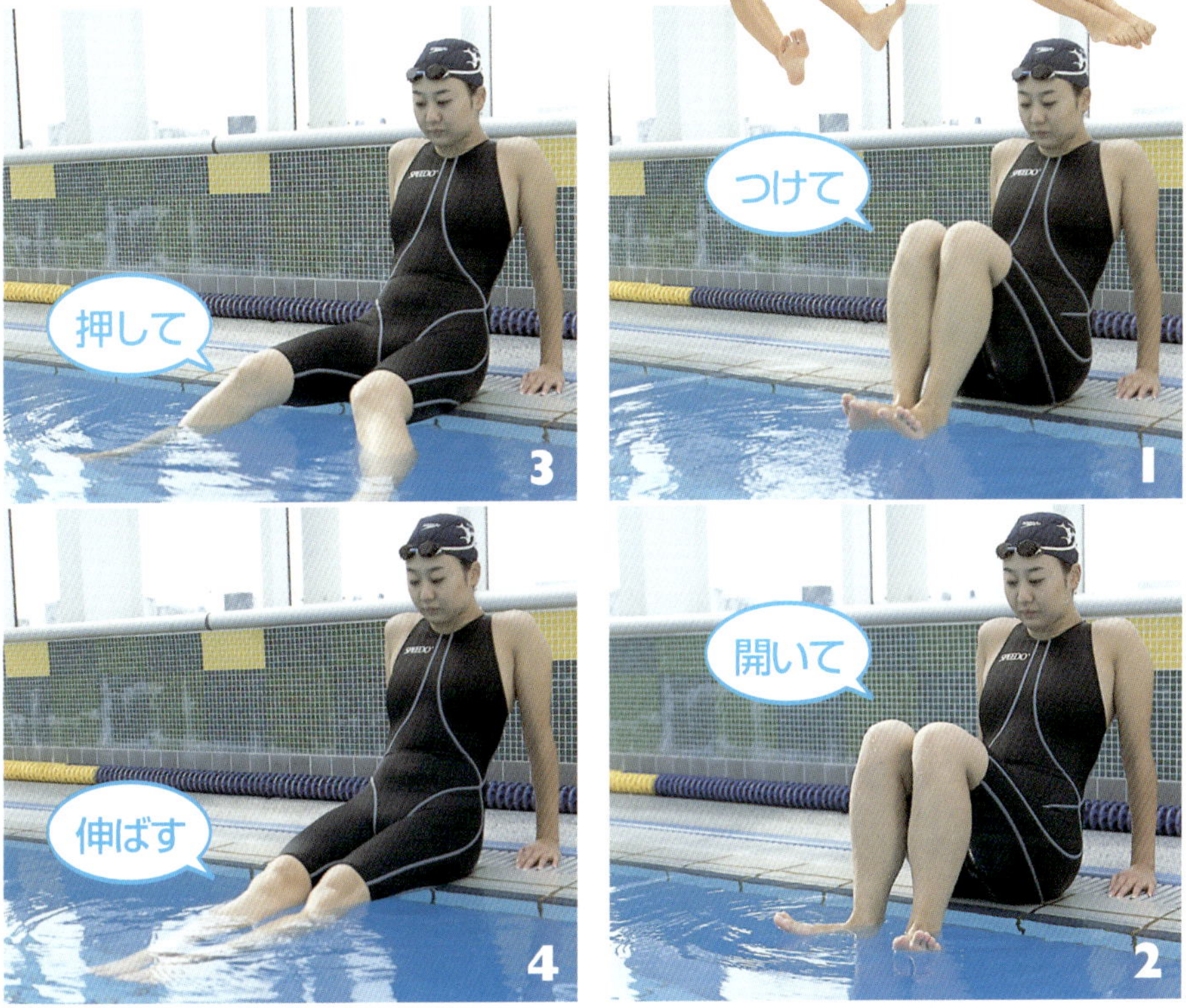

上げて固定できれば大丈夫です。

つけて、開いて、押しながら伸ばす

スネの筋肉を意識できたら、そのまま水中に向けてキックしてみます。

まずは脚を閉じ、足首をお尻に引きつけます。次に足首だけ開き、スネの筋肉を収縮させます。そして、スネに力を入れたまま、足の裏で水を押し出していきます。最後に足首をまっすぐ伸ばすのを忘れないようにしましょう。**「つけて、開いて、押して、伸ばす」**と頭の中で唱えると、動かしやすくなると思います。

ポイントは「開いて」でスネの筋肉を収縮させ、そのまま「押して」脚を伸ばすことです。途中でスネの力を抜くと、あおり足に戻ってしまうので注意しましょう。

「伸ばす動作がつらい」と感じたら、ヒザを回すように伸ばしてみてください。ラクに伸ばせるようになりますよ。

進むキックを覚える❷

進むキックは「つけて、開いて、押して、伸ばす」です。

「つけて、開いて」

腕を上下にして壁につかまる

カエル足では推進力が小さいうえに、見た目もきれいではない。あおり足のように足首が伸びきっている状態では、平泳ぎのキックは打てない

プールに入ってもスネを意識

プールサイドで「つけて、開いて、押して、伸ばす」の動きができたら、水に入ってこの動きをやってみましょう。カラダが水に浮いた状態で、スネの筋肉を収縮させる感覚に慣れることが大切です。

最初は、プールサイドやコースロープにカラダを乗せて安定させ、腰かけて練習したときと同じようにできるか確かめましょう。足の動きは「つけて、開いて、押して、伸ばす」です。「開いて」で、スネの筋肉を収縮させながら「押して」で、水を押し出します。このときも、最後までスネの筋肉の力を抜かないようにしましょう。

脚が浮くように意識して

平泳ぎでも、キックはなるべく脚を浮かせて行いましょう。水を後ろに送り出して「進む」ための力が、脚が沈んだままでは「浮かせる」ために使われてしまいます。脚が沈む人は、下半身をグッと持ち上げるよう意識しましょう。

腕を上下に開いて壁につかまるようにして、しっかり下側の手で支えると、脚を安定させられます。これでうまくいかない場合は、お腹の下にビート板を置いてみましょう。脚は必ず浮くので、正しい姿勢でキックを打つ感覚が身につきます。つねに脚まで浮かせてキックできるようにしましょう。

「回すように押して」（ここでもスネの筋肉を意識）

足首まで「伸ばす」

進むキックを覚える③

まっすぐ浮いて「進むキック」をしましょう。

ビート板を胸（最初はお腹でもよい）に抱えてキック

ここでも、スネの筋肉への意識をキープする

浮き姿勢の矯正

上のようにどうしても下半身が沈んでしまう人は、太ももにプルブイをはさんでみよう。つんのめるくらいでちょうどまっすぐ浮ける

浮いた状態でもあおらない

今度はビート板を持って、キックしてみましょう。手を伸ばしてビート板の前を持つと、脚が沈んでくるかもしれません。そうならないように、最初はビート板をお腹に抱えてやってみましょう。へそのあたりに抱えると、脚はだんぜん浮きやすくなります。これなら脚が沈まずに、キックの練習を続けられるでしょう。

慣れてきたら、ビート板を胸で抱えてみましょう。ここではキックの形を覚えるだけですから、進まなくてもまったく気にしなくていいんです。浮いた状態でも、あおり足にならないことが重要です。スネの筋肉への意識を忘れないようにしましょう。

つねにまっすぐ浮くようにする

ビート板を抱える位置をお腹から胸にズラすと、足が沈みやすくなると思います。その場合は、眉間《みけん》に意識を置き、つんのめるような感覚でまっすぐに浮くようにしましょう。それから、キックの練習をします。

毎回、スネの筋肉を使って蹴れているか確認しながら、落ち着いて正しいキックができるようになればOKです。

つけて、開いて、「押した」状態

まっすぐ浮いていることを確認

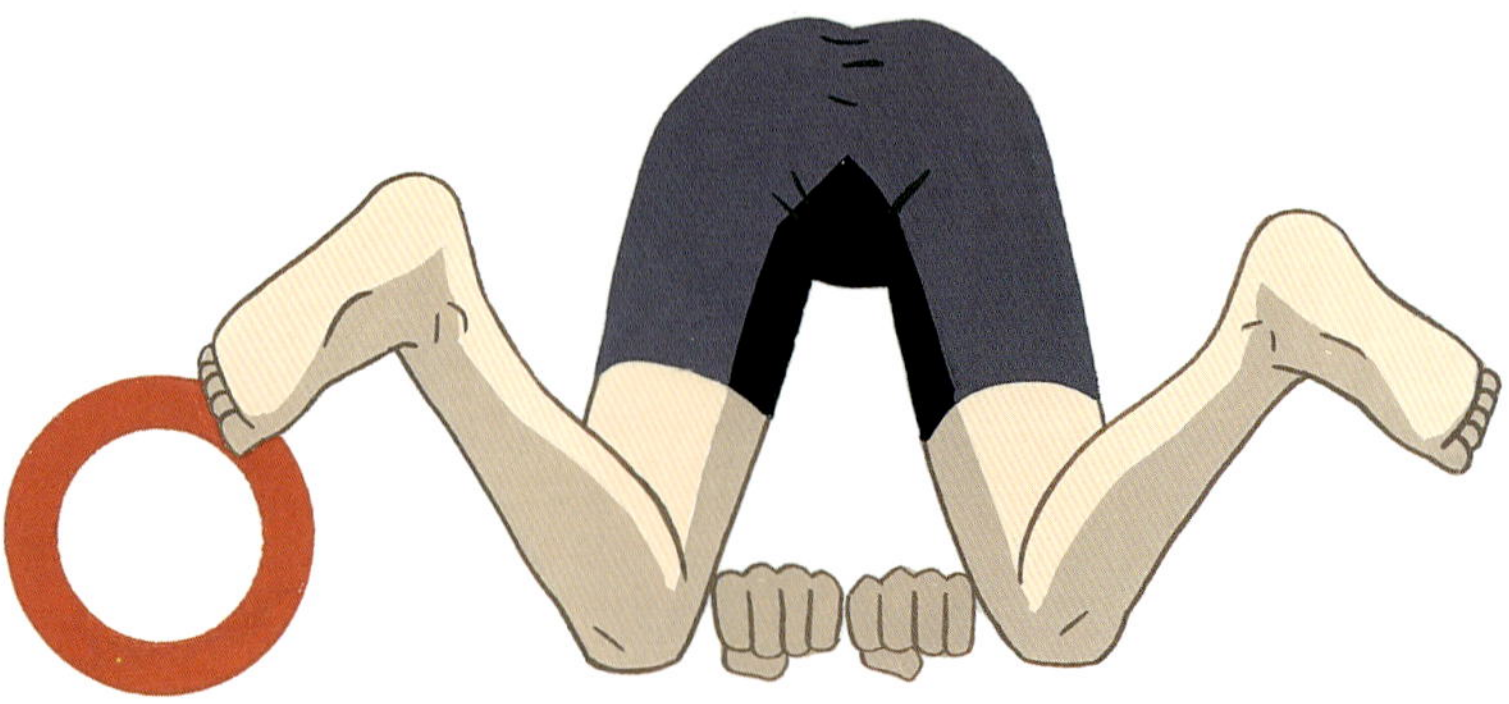

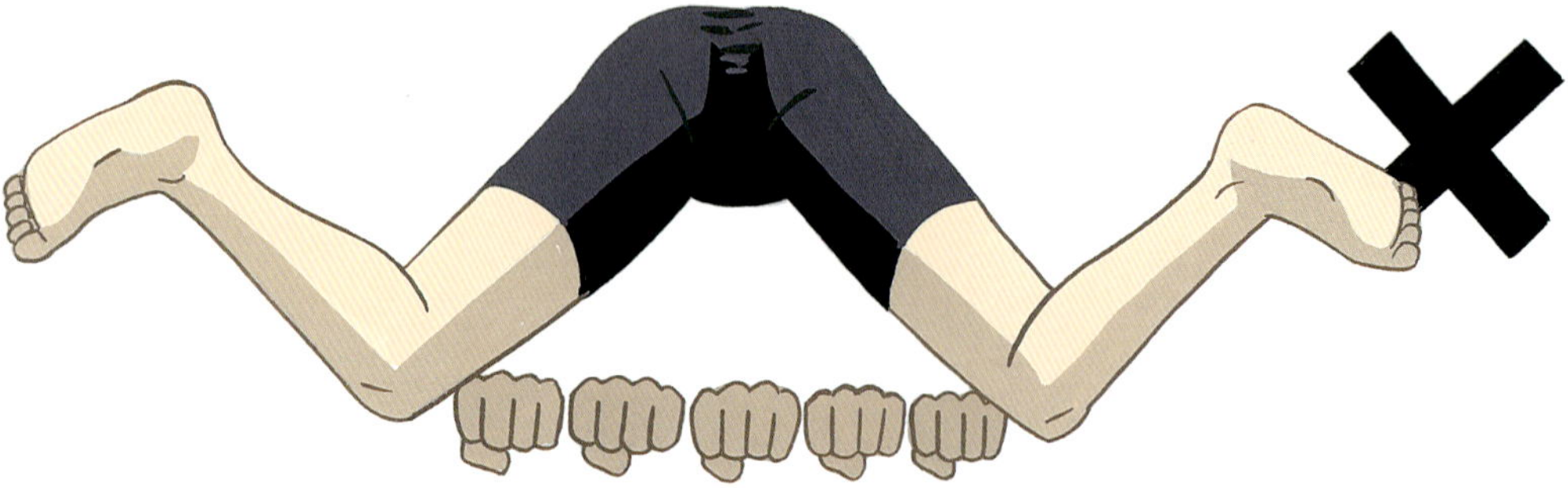

進むキックを覚える④

ヒザを開きすぎなければカラダは進みます。

正しいキックをすれば進み始める

キックの動作が、ビート板を抱えた状態で落ち着いてできるようになったら、次は進むことを意識していきましょう。

とはいえ「つけて、開いて、押して、伸ばす」の形さえ正しくできれば、少しずつでも進んでくるはずです。

ここでのポイントも、やはりスネの筋肉をしっかりと使って水を押すことです。あおり足になっていないか注意してください。

うまく進まない人は、最後まで足の裏で水を押せているかチェックしましょう。このときに脚を開きすぎてはいけません。ヒザの間にこぶしが5個も入るようなら、開きすぎですね。**こぶし2、3個分くらいまで閉じる**と、進みやすくなるでしょう。

また、ヒザから下で軽く回すようにキックすると、さらに進みやすくなりますよ。

ビート板の前を持ってキックの練習

①最初は浮く感覚をつかむために、プルブイを太ももにはさんでもよい
②③スネを意識し続けて、つけて、開いて、回すように蹴る
④最後に伸ばす。ななめ下に向けるほうが蹴りやすく、ラクに進める

ビート板の前を持ち、キックで進む

ビート板を抱えてカラダを進ませるキックが打てたら、ビート板を前に持ってやってみましょう。

脚は、ビート板を抱えていれば自然に上がりますが、前で持つと沈んでしまうかもしれません。そこで、ビート板を持つときは、腕をまっすぐ伸ばし、ビート板の前を「軽く持つ」ようにしてください。

これなら体重を、カラダの前に自然にかける体勢になり、脚（下半身）が上がりやすくなるんです。持つときは腕に力を入れずに、カラダの両わきの筋肉で支えるようにすると、脚はさらに浮きやすくなります。

これで進めるようになったら、あとは呼吸のタイミングをつかんで手を動かすだけです。「どうしても泳げなかった」という人もキックで進みさえすれば、平泳ぎは確実に泳げるようになるでしょう。

効率のいい息つぎ❶

呼吸のタイミングは脚を伸ばしてからです。

キックのあとは、顔をつけたままひと伸び

ビート板の前を持ち、顔をつけてキック

顔を上げて パッ、ハァ、ンッ

呼吸は「ンッ」のまま顔を上げて「パッ、ハァ」→「ンッ」で水に顔を戻す

呼吸のタイミングはキックしてから

ここからは、キックと呼吸の正しいタイミングを覚えましょう。

まず、ビート板の先端を軽く持ち、顔を水につけてキックします。そして、蹴った脚がまっすぐに伸びてから、呼吸しましょう。

息つぎに自信がない人は、水中で息を止め、顔を上げてから吐いて吸う「パッ、ハァ、ン」の口呼吸がオススメです。呼吸したら再び顔を水につけます。この**「進んでから呼吸する」タイミング**を覚えていきましょう。

カラダを伸ばして呼吸する

キックのあとにひと伸びして、カラダを伸ばしたまま呼吸すると、ラクに進む感覚がわかると思います。

でも、人間は腕と脚を同時に伸ばしたり縮めたりするほうがラクなので、カラダを伸ばしたまま呼吸の動作をするのは難しいかもしれません。一緒に脚を縮めたほうが、本来は顔を上げやすいんです。

ですからこの段階で、キック後にひと伸びしてから呼吸する「正しいタイミング」を覚えていきましょう。あとでくわしく説明していますが、これができないと、キックとかきを同時に行うことになり、ストリームラインの姿勢で進む「きれいな平泳ぎ」ができなくなってしまいます。

呼吸のタイミングは、きれいな平泳ぎの基本になります。ぜひ身につけておきましょう。

ひと伸びしてから、顔を上げて呼吸

再び顔をつけてキック

効率のいい息つぎ❷

ビート板を外し「スカーリング」で呼吸してみましょう。

ビート板を外して練習を続ける

今度はビート板を外して、キックのタイミングに合わせた呼吸の練習をします。ビート板がなくても、持っていたときのように、腕をまっすぐ前に伸ばしてキックし、脚が伸びたところで呼吸しましょう。

腕を伸ばしたまま、顔を少し上げて呼吸できる人は、そのままタイミングを合わせる練習を続けてください。

顔が上げにくくなる場合は、腕を伸ばしたまま、手を軽く左右に動かし息つぎをサポートしましょう。この動きが、5つのポイントでも紹介した「スカーリング（16ページ参照）」です。**水のつぶに手を乗せてなでるようにかき**、外側に開くときに顔を上げます。

両手を外側に開くときは人差し指と親指側で水をなで、内側に戻すときは小指側で水をなでるようにします。このスカーリングで、顔はスムーズに上げられるようになるでしょう。

ビート板を外して呼吸とキックのタイミングをつかむ

水を押さえるように顔を上げる。これで十分呼吸できるなら、かきは使わない。呼吸するとカラダがいったん沈むが、すぐに浮き上がる。顔を上げられなければ、小さくスカーリング。ただし、これは呼吸とキックのタイミングを合わせる練習なので、かきは意識しなくていい

Takahashi's Swimming System 平泳ぎ

手のかきを覚えよう

カラダの前でなるべく小さめにかくのが基本です。

少しだけ大きくスカーリング

キックで進み、息つぎのタイミングをつかめれば、あとは手のかきをつけるだけです。かきを覚えるために、スカーリング（16ページ参照）の動きを少しだけ大きくしてみましょう。この動きが平泳ぎのかきの原形になります。

これまでと同様、キック→伸びて→小さくかいて→呼吸→顔をつけて→キックの動作で進みますが、ここからは、手を左右に動かすのではなく、少しカラダのほうにかいて水を後ろへ送り出しましょう。このタイミングで息つぎし、かいた腕はすぐ前に伸ばします。

なるべくカラダの前でかくのがポイントです。動作を大きくしすぎると水の抵抗が大きくなり、ラクに進まなくなります。また、カラダの後ろまでヒジを引きつけてしまうと、次の伸びの動作ができなくなってしまうんです。

キックの推進力を活かすために、小さなかきを心がけましょう。

手のかきの動き

スカーリングの動作をクローズアップするため、あえてキックと呼吸の動作をしていない。79ページの呼吸とキックの練習よりもやや大きく動かしていく。これくらいのスカーリングでも十分にカラダを進められることがわかる。まさに平泳ぎのかきの原形だ

「よりきれいに」をめざして

「平泳ぎが苦手だ、泳げない」と思っていた人も、ここまで紹介した練習をやってみたら、意外と簡単に泳げたのではないでしょうか。

軽やかにステップアップして自信をつけ、ここからは、より「きれいな平泳ぎ」に近づけるためのコツを覚えていきましょう。

フォームをチェックする

「泳げる」という人もフォームを確認しましょう。

あなたの泳ぎはもっときれいになる

「平泳ぎなら泳げる」という人も、一度、自分の泳ぎを確認してみましょう。

息つぎで顔を上げたときに、ひと休みしていませんか？　顔を上げているほうが安心かもしれませんが、これでは進み方がぎこちなくなります。**休むのは水中にカラダを戻して前に伸びるとき**、と考えを改めると、動作がとぎれることなく、スムーズに進めます。

このほかにも、

- 足を大きく開いてキックする
- かきとキックを同時に行う
- かきで腕を大きく開く

という動作で泳いでいる人は、もっとラクに、きれいに泳げる可能性があるんです。

きれいに泳ぎやすい形に変える

足を大きく開いてしまう人は、ヒザを内側に向けてあまり開かないようにしましょう。大きく開きすぎると、あ

カエルのようにキックで脚を大きく開かない
ヒザは閉じ気味に、つけて開いて回すように伸ばす

とで説明する「スクリューのようなキック」ができません。ヒザの間をこぶし2、3個分ほど開けるのが目安です。

かきとキックを同時にしている人は、正しい呼吸のタイミング（76ページ参照）をつかみましょう。

大きく開いてかいていた人は、カラダの前だけの軽いかき(80ページ参照)が泳ぎをきれいにしてくれます。

これらのポイントがクリアできたら、これから紹介するテクニックのコツをとり入れて、泳ぎをもっと洗練させていきましょう。

手と脚を同時に引きつけない
キックを打つのは、腕を前に伸ばしてから

大きくかかない
顔を上げたときに休まない
開きを小さめに、カラダの前でかく。かいて呼吸したらすぐ前へ

ストレッチングタイムをとる

キックのあとはひと伸びしましょう。

きれいに泳ぐ土台はできている

平泳ぎがうまい人は、効率のいいキックやかきで水面を「スーッ」とすべるように進んでいきます。「優雅でゆったり」の表現がピッタリとはまるこの泳ぎこそ、きれいな平泳ぎといえるでしょう。

でも、難しく考える必要はありません。これまでのコツがきれいな平泳ぎの基礎になっているので、基本はすでにできています。これから紹介するテクニックをひとつずつとり入れて、きれいに泳ぎましょう。

長めに数えてから呼吸する

平泳ぎの美しさを生み出すのが、水中で伸びている時間、「ストレッチングタイム」です。このストレッチングタイムをとるために、キックのあとに顔を上げるのを少しガマンしてみましょう。

オススメなのは、キックのあとにカ

キックのあとのひと伸び

①呼吸のあと、キックしたところから、前にひと伸びしてカウントする
②「ワンサウザン」
③「ツーサウザン」
④「スリーサウザン」
⑤手をかき呼吸する

ラダを伸ばして**「ワンサウザン、ツーサウザン、スリーサウザン」**と唱えてから呼吸することです。

「イチ、ニ、サン」では十分なストレッチングタイムがとれないので、なるべく唱える時間を長くして、泳ぎに伸びやかさを出しましょう。こうすれば、キックのあとに呼吸するまで、カラダが進む「間」ができるんです。

かこう、かこうと、あせって動くよりも、きれいで伸びやかな泳ぎがつくれるようになるでしょう。

きれいなキック

ヒザ下を回すようにキックしてみましょう。

回すキックで推進力を上げる

平泳ぎの推進力の多くは、キックによって生み出されます。キックの推進力を上げて、効率のいい進み方を覚えましょう。平泳ぎのキックは「スクリューの原理」です。

これまでは、おもに水を押す力で進んでいましたが、**ヒザから下で水を回しながら押し出す**ようにキックすると、もっと効率よく進むんです。

科学的な表現を借りれば「抗力だけではなく、揚力も使って進む」となるのですが、「回すようにする」とだけ覚えておけばOKです。

ここからは、キックのときに自分の足がスクリューになったようにイメージして動かしてみましょう。

ヒザ下をスクリューのように

まず、つま先を「開く」ときに、太ももをなるべく閉じて、ヒザを内側に向けましょう。

スクリューのようにキック

ヒザを支点にして、ヒザ下をスクリューのように回しながら蹴るイメージ。揚力を使った「スクリュー効果」で脚が浮き効率よく進める

スクリューの羽根には適度な角度がついている。これが回転することによって、進行方向だけでなく垂直方向にも力が働き、より大きな推進力が生まれる

ヒザの間はこぶし2、3個分ほど開くのがベストです。そして、押し出すときはヒザ下を回していきます。

ヒザ下をスクリューのように回し、さらに足首を伸ばすときも、同様に動かします。こうイメージをして練習していけば、推進力は徐々に上がっていくでしょう。

この回す動作で、これまでよりずっと、ラクに進めるようになるはずです。また、これがうまくいくと脚が浮いてくるので、キックで得た推進力のほとんどを「進む」ために使えるようになります。

Takahashi's Swimming System 平泳ぎ

かきの推進力を上げる❶

ヒジを立てて水をとらえ進むかきの準備をしましょう。

かきの推進力を上げる

キックの推進力が上がったら、かきの推進力も上げていきましょう。

「上げる」とはいっても、水をとらえる感覚は、小さくスカーリングの要領でかいていたときと同じです。

これまでの動きを少しずつ進みやすく変えていくだけなので、安心してください。

まずは、かき始めの動作です。スクリューのような効率のいいキックを打ち、ひと伸びしたら、前に伸ばしていた腕を左右に開いていきます。

開く角度の目安は60〜90度。正面を見て、両手が視界に入るギリギリのあたりです。

腕を左右に開いたら、ヒジを立てるようにして、水を大きくとらえます。

この「ヒジを立てる」ことが、水をとらえるための大きなポイントになります。ヒジが落ちると、そのあとのかきが水をなでる動きになり、水をうま

かき始めの動き

両腕を左右に開くかき始めの動作は、真横に動かすのではなく、ななめ上へ向けて、ゆるやかにカーブを描くように動かす。ヒジが立ちやすくなって、より大きく水をとらえたきれいで効率のいいかきになる

くとらえられません。
かき始めはヒジをなるべく立てて、水を抱え込むようにとらえましょう。

開いていくときに、少しななめ上に腕を動かすと、ヒジがもっと立ちやすくなります。

かきの推進力を上げる❷

かきの最後は胸筋を使ってスナップを利かせましょう。

前に伸ばしていた腕を左右に開いていく

水をつかんだら、かく速さを徐々に上げる

かいたあとは手を胸の前に引きつける

手を胸の前に引きつけるときは、胸と背中両方の筋肉を効率よく使い、一気に内側へスナップを利かせる。水を送り出し、休まず伸びる

徐々に加速してかいていく

ヒジを入れて水をつかめたら、手のひらや腕の内側を使って、**水を逃がさず抱え込むように**して、胸に向かってかいていきます。このとき、かくスピードを徐々に上げていくようにしましょう。

最初から強くかこうとすると、つかんだ水が逃げてしまい、かきの効率が悪くなってしまいます。徐々に加速してかくようにすれば、水に効率よく力を伝えられるので、かきの力がしっかりとカラダを前に進ませます。

最後は手首のスナップで

徐々に加速してかいていき、胸のあたりまできたらスッと手首のスナップを利かせて水を送り出すと同時に、前に伸びる体勢をつくりましょう。

スナップを利かせたあとは胸の前で手を並べる（右ページ上の写真）ようになります。これは腕の力で行うのではなく、胸の筋肉を使って動かすようにイメージすると、ラクにできます。

スナップをうまく利かせ、指の先まで水を押し出す感触がつかめれば、カラダがもうひと伸びしたような感覚を味わうことができるでしょう。

3

胸のあたりまでかいたら、スナップを利かせる

4

呼吸のあと、前に伸びてキックする

かきの推進力を上げる③

顔をはさむように腕を伸ばし さらに水の抵抗を減らします。

腕が伸びたときに脚も伸びる

手首のスナップを利かせて水を送り出したあとは、そのまま動きを止めずに腕を前へ伸ばしていきます。このとき、体重をできるだけ前へかけるように伸ばしていきましょう。つんのめるようなイメージです。このくらいの意識で、ちょうどまっすぐな姿勢になり、ストリームラインがつくりやすくなります。

腕を前に伸ばし始めるときにキックの引きつけ動作を始め、**腕が伸びきったときにキックの「押して、伸ばす」**をしましょう。こうして水中姿勢を整えることで、キックの推進力をさらに活かせるようになるんです。

理想はストリームライン

ストレッチングタイム中の理想の姿勢は、ストリームライン（12ページ参照）です。水から受ける抵抗が少ないほど、キックの推進力を活かしてカラ

かき終わり、引きつけてストレッチングタイム

①水中で胸のあたりまでかいたら、スナップを利かせて前へ
②呼吸をしたらこの姿勢で休まず、すぐに前へ伸びていく
③伸びきったときに後ろへキック
④ストレッチングタイムをとって「スーッ」と進む

ダを進められます。

腕を前に伸ばしているときからストリームラインに近づけるようにしていきましょう。

このときに、頭をはさむようにします。こうすれば、体重を自然に前のほうへ乗せやすくなるので、カラダを効率よく前に進ませられます。さらにこのとき、目線を眉間《みけん》に向けるようにイメージすると、カラダをより乗せやすくなります。

このコツを実践して、抵抗の少ない状態で伸びれば、キック後に「スーッ」とすべるように進む、優雅でゆったりとした平泳ぎになるでしょう。

平泳ぎのキックでもっとも推進力を生み出す瞬間は足首をスクリューのように伸ばしたとき。その推進力を、ストリームラインの姿勢で活かして進む。グラフのように脚を引きつけると、一気に減速する。この減速を抑えるため、水の抵抗を受ける「引きつけ」の動作幅を半分にしたのが、ハーフキックだ

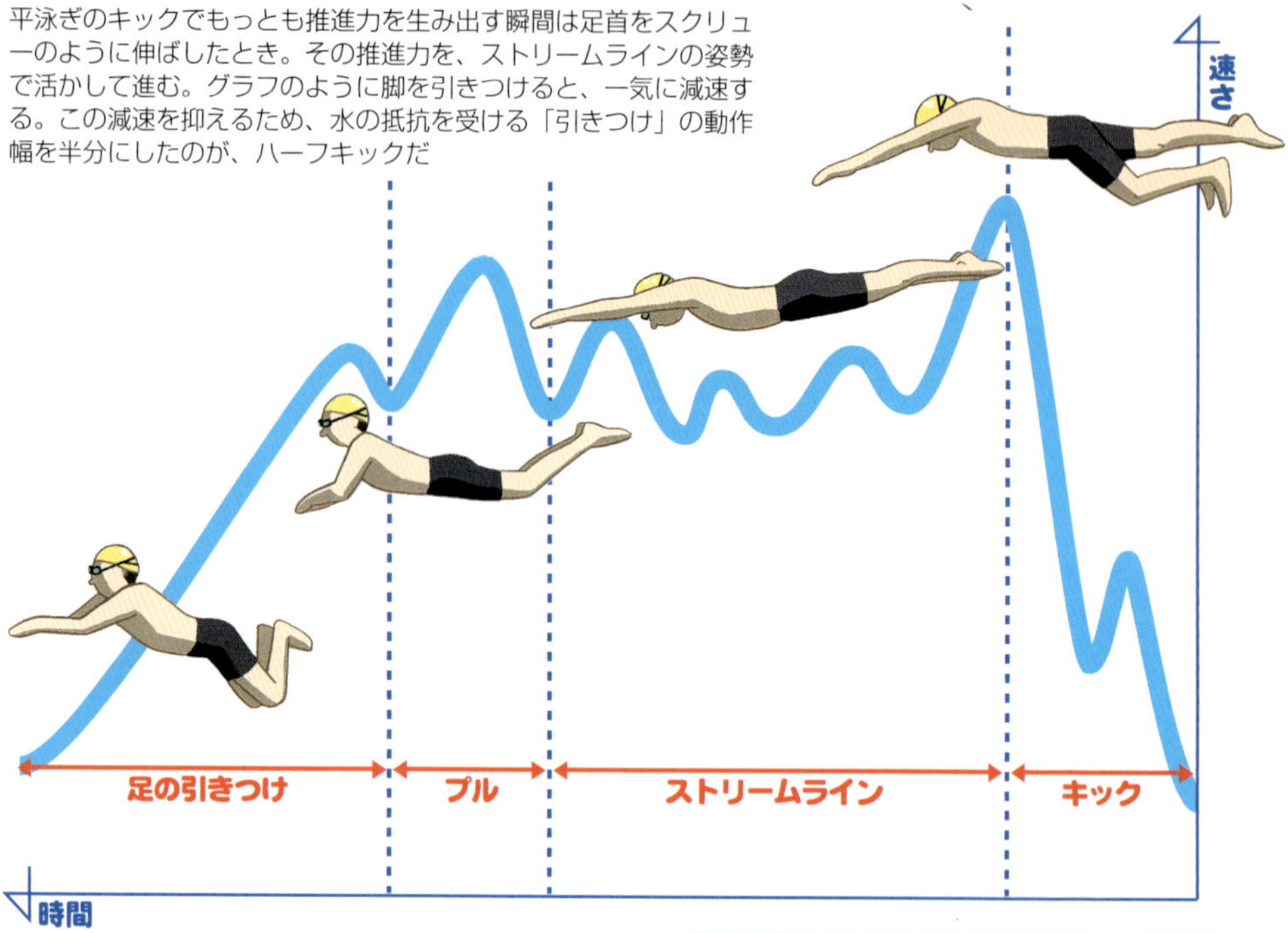

速く進むためのキック❶

「ハーフキック」でラクに速く進んでみましょう。

2
ハーフキックの引きつけはこの体勢を参考に

1
かくときも抵抗を受けるが「脚の引きつけ」ほどではない

脚を引きつけすぎてしまうと、太ももに大きく水の抵抗を受けてしまう

キックの大きな抵抗が減らせる

平泳ぎでは、キックで脚を引きつけるときに、太ももと足へ大きな抵抗がかかります。その抵抗を減らすために、**「引きつけ」の角度を今までの半分くらいにしてしまいましょう。**

この「つける」を半分にしたキックを「ハーフキック」といいます。

ハーフキックだと水をとらえる感触が軽くなります。「それでは大きな推進力が出ないのでは?」と思われるかもしれませんが、安心してください。的確なキックさえできていれば、ハーフキックのほうが受ける抵抗が少ない分、進みやすくなるんです。

抵抗の大きさを手で確認できる

キックの前に脚を大きく引きつけると、力強く蹴り出せますが、その前に一度減速してしまいます。ハーフキックは、**引きつけによる減速が少ないまま加速できる**ので、感触は軽くなるのによく進み、さらに疲れにくいんです。つまり、ハーフキックのほうが効率よく、ラクに進めるんです。

抵抗を減らす脚の引きつけの角度をつかむには、両手で太ももを触りながらキックするといいでしょう。この状態でキックすると、太ももがどのくらい引きつけられたかがわかるので、角度が調整しやすくなります。

ちなみにトップスイマーは、このハーフキックでも、足の裏全体でしっかり「水を引っかける」ような動きをしています。このカラダを前に進めつつ水をとらえる感覚をつかめれば、トップスイマーの泳ぎを体験できるかもしれません。

キック後ひと伸びするときに、もっとも進む

ストリームラインの姿勢で「ワンサウザン、……」

速く進むためのキック❷

蹴り終えたら脚の押し上げを意識しましょう。

キックの最後に脚を上げる

キックで推進力を得たら、ストリームラインの姿勢をつくるために体重を前にかけますが、これを一歩進めて、キックの推進力をより活かす動作を加えましょう。

スクリューのように動くハーフキックを打ってから、脚を少し持ち上げるように意識すると、体重をもっと前にかけやすく速く進むようになります。

持ち上げるときは、**脚の上にある水を押さえ込むようなイメージ**がいいでしょう。上体が安定して、手のかきの最後で水をとらえやすくなります。それと同時にカラダがまっすぐになるので、より早くストリームラインの姿勢がとれるんです。

この、上に押さえ込む感覚がうまくつかめない場合は、ややなめ下方向にキックしましょう。こうすれば、そのあとで脚を持ち上げる動きがしやすくなります。

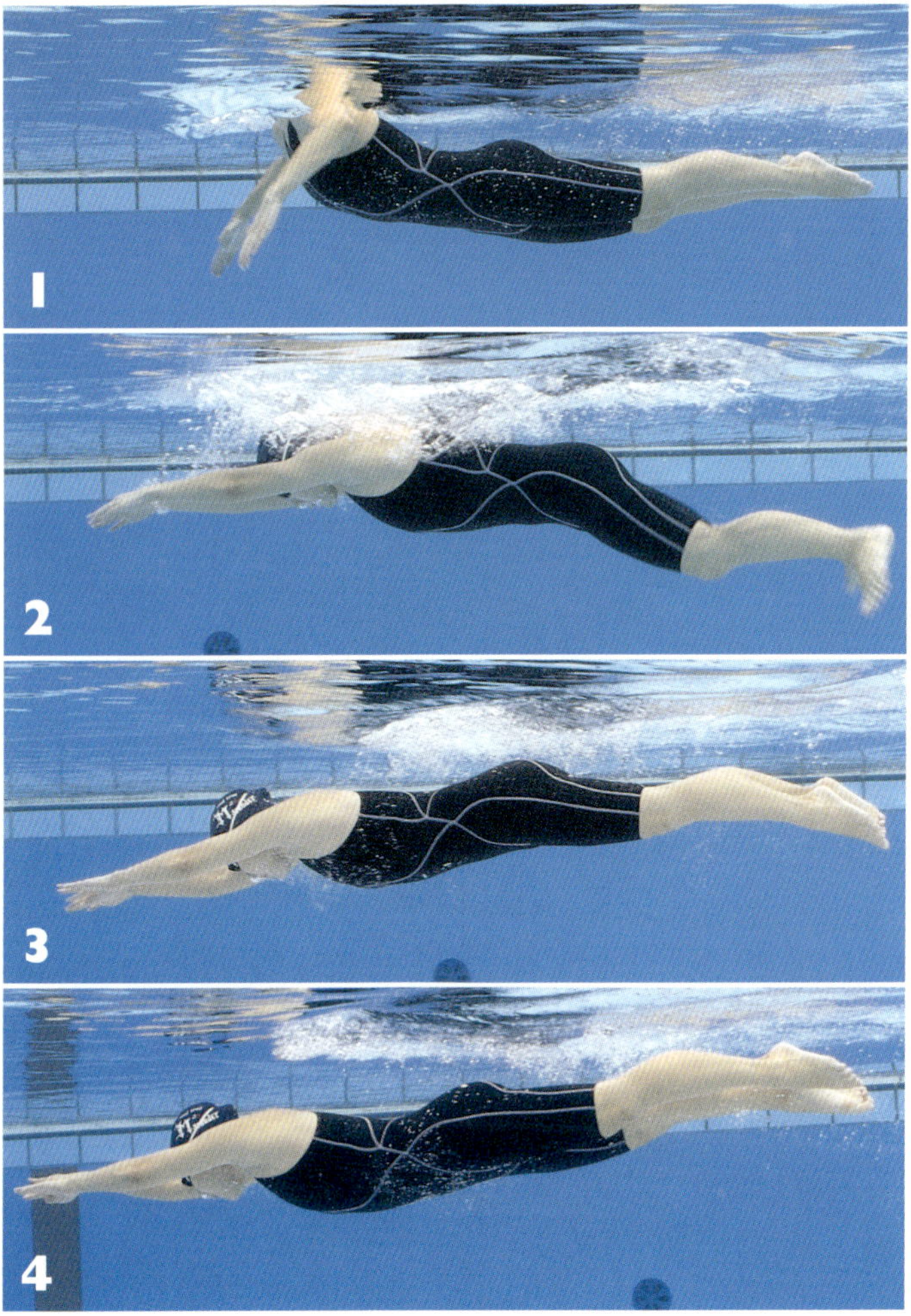

安定したキック

①かいたら手をすばやく前へ。アップキックによって、上体が安定し、フィニッシュで水をとらえやすくなる
②前へ伸びながら、水の抵抗が少ないハーフキック。ヒザ下でスクリューの動き
③蹴り終わったら、ストリームラインに近づけて、さらに前へ伸びる
④アップキックで、体重を前にかけていくとともに、次の動作の準備をする

腰は同じ高さで安定させる

平泳ぎのトップスイマーは、腰が高い位置で安定しています。これは「速く泳ぐ」うえでとても重要なポイント。腰の上下動が少ない姿勢をとれれば、足の裏全体でしっかりと水を押さえられます。これがうまくいくと、**水に足が「引っかかる」**ようになります。

さらに、高い位置でまっすぐ後ろに蹴り出すことで、キックの力をすべて推進力に活かせるんです。

逆に腰の位置が不安定だと、キックを打つときに脚が潜ったり、浮いたりして、キックを推進力に効率よく使えません。

腰の上下動は腹筋や背筋によって抑えられます。またつねに腰を高い位置に保つには、下腹部のあたりにも意識を向けてください。

「速く泳ぐ」ことにチャレンジするなら、これらのポイントを心がけて練習してみましょう。

速く進むためのかき

肩を上げるように腕を伸ばせばさらに水の抵抗を減らせます。

1

水をとらえたら胸に向けて、かく速さを徐々に上げる

2

水上で肩をちょっと上げてスナップを加速

肩から動かすようにする

手のかきで上体が水上に出たら、ちょっと肩を上げて、フィニッシュ時のスナップを加速させるようにしましょう。こうすると、前へ戻すときに高い位置から腕を伸ばしていけるので、ストリームラインに近い形が自然にとれるんです。

かきのポイントをチェック

「かきの推進力を上げる」で手のかきを細かく部分ごとに分けて、コツを紹介してきましたが、これらをさらに少しずつ進化させ、一連の動きにしましょう。めざすのは、**「平面的なかき」から「立体的なかき」への進化**です。

❶ストレッチングタイムで、手のひらの上半分に体重を乗せていく。このとき、つんのめるような意識で沈み気味に進む

❷腕をややなため上にかくようなイメージで開いていき、ヒジを立てて水をとらえる

❸徐々に力を入れてかく。ヒジを引きすぎると腕が伸ばしにくくなるので、ヒジが肩のラインより後ろへ行かないように気をつける

❹スナップを利かせてフィニッシュ。アゴの下で手をそろえ、そこから休むことなく腕を前に伸ばす。このとき、「つんのめる」ように伸びていくと、より推進力が増す

すべてのコツをとり入れてスムーズに行えるようになれば、大きな推進力を生み出すダイナミックなかきがマスターできたといえるでしょう。

3 かき終えたら、休むことなく脚を引きつけていく

4 キック後はひと伸びして「スーッ」と進む

泳ぎのレベル確認

ストローク数を減らすのが効率のいい泳ぎの目標です。

自分の上達を確認する

ここまでくれば、かなりレベルの高い平泳ぎができるようになっていると思います。

さらに練習を続けていけば、水のとらえ方がわかり、かきやキックが効率よくできるようになるので、グングン上達していくでしょう。

でも、自分ではどれだけ上達しているかわかりにくいものです。タイムを計るのもいいですが、タイムのためにがむしゃらに泳いでは、せっかく身につけたテクニックがムダになってしまいます。タイムよりもどれだけ伸びやかできれいな泳ぎになったか確かめてみましょう。

そこで25㍍泳ぐのに、かきとキックを何回行っているか数えてみましょう。

この回数を「ストローク数」といい、キックやかきの推進力が増したり、ストレッチングタイムの効率がよくなったりしていけば回数は減っていきま

①「スーッ」と前に伸びる
②伸びたら腕を左右に開き、ヒジを立ててキャッチ。水をうまくとらえてかく
③かき終えて呼吸をしたら、すぐ前へ
④前に伸びながら引きつけの少ないハーフキック。さらに伸びる
⑤アップキックで、前に体重をかけていく

す。つまり、ストローク数が減れば、自分の泳ぎは上達しているということです。

目安は25メートルで2ストローク減らすことです。より伸びやかで、きれいな平泳ぎをめざしていきましょう。

ストレッチングタイムを長くする

ハーフキックで効率よくキックし、ストレッチングタイムの形がきれいになったことで「ワンサウザン、ツーサウザン、スリーサウザン」と数えたあとも、カラダが「スーッ」とすべるように進むようになってきていると思います。

平泳ぎは、水面をすべるように進む時間が長ければ長いほど美しく見えます。ストレッチングタイムを「ワンサウザン、ツーサウザン、スリーサウザン、フォーサウザン」と、長くしてかくようにすると、より伸びやかに泳げるようになるでしょう。

ヘッドアップドリル

顔を上げたまま泳ぐ、ストリームライン抜きの平泳ぎ。下半身が沈みやすいので、それを防ぐために、意識してポイントを前に置く。かきの動作の確認を中心に行うドリル。

平泳ぎのドリル

「きれいに泳ぐ」には、タイミングとテクニックが重要です。

ここではテクニックをレベルアップするためのドリルを、手のかきについて1つ、キックについて2つ紹介します。

上のヘッドアップは、頭と重心が高い位置にあるので、入水からキャッチに入るまでと、フィニッシュの動作を意識しやすくなります。

左のスクリューキックは、片足ずつキックすることで、足の引っかかりから、最後の押し出して伸ばすまでの動きを確認できます。難しい引きつけも片足なら簡単に行えますが、スネの筋肉が張ってくるので気をつけてください。また、ヒザの間が開きやすいので、閉じ気味にして行いましょう。

104ページのブレストオンバックは、引きつけを少なくしていかに「進むキック」が打てるか、足の裏で水をとらえられるかなど確認できます。

スクリューキックドリル

はじめての人にはきついドリル。スネの筋肉がすぐに張ってくるので注意したい。両脚を大きく開いてキックしないように意識しよう。片足ずつ、足の引きつけから押し出して伸ばすまで、しっかり確認して行う。

1

2

3

4

ブレストオンバックドリル

太ももの引きつけができない分、足の裏の引っかけとヒザから先のスクリューのようなキックで、いかにうまく進めるかがこのドリルのポイント。脚の引きつけの少ない理想のキックが覚えられる。

バタフライをきれいに泳ぐ

タイミングがつかめれば、ラクに泳げるようになります。

ダイナミックさやスピード感など「カッコよさ」を追求できる泳法です。水の抵抗は大きく受けますが、リズムとタイミングさえ合えば、だれでもパワーあふれる美しい泳ぎが楽しめます。

Takahashi's Swimming System

タイミングがつかめればラクに泳げるようになります。

まずはキックでのリズムづくりから

まずはキックで「イチ、ニィー」のリズムをつくります。ズーマーを使えば、進むキックが簡単に覚えられます。

呼吸やかきのタイミングを覚えよう

キックを覚えたら、立った状態で腕を回します。それにキックをつければ、簡単バタフライの完成です。

タイミングさえつかめば泳げる

バタフライは、4泳法の中でいちばんダイナミックな動きをします。そのため「力で泳ぐもの」と思われがちですが、むしろ泳ぎの「リズムとタイミング」のほうが重要なんです。

　力の弱い小学校低学年くらいの子どもでも、バタフライはふつうに泳げます。あれは、しっかりとタイミングをつかんでいるからなんです。

　まずは、キックで泳ぎのリズムをつくりましょう。そのリズムに、呼吸や手のかきのタイミングを合わせていきます。

　こまかい動作は抜きにして、基本の形だけなら30分〜1時間もあれば、軽

徐々にレベルアップしていこう

簡単バタフライができたら、徐々にコツをつかんで、ダイナミックなバタフライへと進化させましょう。

Takahashi's Swimming System～バタフライ

く泳げるようになりますよ。名づけて「高橋式簡単バタフライ」！

私が指導してきた方々も「バタフライってこんなに簡単に泳げるんだ」と、感動してくれました。

ダイナミックなバタフライをめざそう

この「簡単バタフライ」でラクに泳げるようになったら、徐々にみなさんの思い描く「カッコいい、ダイナミックなバタフライ」へと、進化させていきましょう。

ダイナミックな泳ぎへと進化させるには、カラダのコアを使った「うねる」ようなキック、効率よく水を送り出すかき、水上での大きな動作、キックやかきの推進力を活かすひと伸びなど、さまざまなポイントがありますが、それらを覚えるコツは120ページから紹介していきます。

まずは、バタフライでもっとも大切なタイミングを覚えて「簡単バタフライ」をマスターしましょう。

初級者のキック❶

「イチ、ニィー」のキックがバタフライの基本です。

キックで泳ぎのリズムをつくる

「簡単バタフライ」の第一歩は、キックでのリズムづくりです。

腕を伸ばしてビート板の先のほうを持ち、顔を上げたまま、両足同時に「イチ、ニィー」と2回ずつ、ゆっくりとキックしてみましょう。

そのときのポイントは「ドン、ドン」と休みなく打つのではなく、はじめの「イチ」を軽めにして、次の「ニィー」を少し大きく打つことです。この「イチ、ニィー」のキックがバタフライのリズムになっていきます。

最初は「イチ、ニィー」のリズムをつくる練習ですから、どんな形のキックでもかまいません。とりあえず両足をそろえることだけ意識して、ヒザから先で打つようにしてみましょう。

ヒザを軽く曲げてやわらかくキック

「イチ、ニィー」のリズムでキックができるようになったら、徐々にキック

「イチ、ニィー」のリズムでキック

最初は、キックで進むことは意識しない。とくにカラダが硬い人は進みにくく、足を上げたときに水上へ出すぎてしまうこともあるが、ここでは気にしなくていい。むしろ「打ちすぎない」ように気をつけて、ゆっくりとリラックスして「イチ、ニィー」のリズムづくりに集中しよう

で進む感覚を身につけていきましょう。

進むキックでも、力まかせに大きく打つ必要はありません。カラダに力が入っていると下半身が沈みやすくなり、キックが逆に打ちにくくなります。

脚が浮いた状態で力を抜いてヒザを軽く曲げ、足首までピンと伸ばしてください。親指どうしをちょっとつけると、両足の力がひとつになります。その状態でヒザから先をやわらかく使い、**イチで軽く「トン」と、ニィーで少し大きく「トーン」**と打ってみてください。徐々に進み出すはずです。

ポイントは、ヒザを「曲げすぎず、伸ばしすぎない」こと。曲げすぎるとキックのムダが大きくなり、伸ばしすぎると足をうまく動かせません。練習を重ねてうまく打てるようになれば「力を入れずにやわらかくキックしてもラクに進む」ことが実感できると思います。

ただし、「イチ、ニィー」のリズムは、つねに忘れないようにしましょう。

初級者のキック❷

最初からズーマーを使えば早く上達します。

下半身が沈む人は体重を前にかける

「なかなか前に進まない」という人は、下半身が沈んでいないかチェックしてみましょう。

　下半身が沈むと、ヒザから下で打とうとしても水が重く感じられて、うまく打てません。また、疲れやすくなってしまいます。

　その場合は「まっすぐ浮く（10ページ参照）」ことからおさらいしてみてもいいでしょう。

　または**ビート板を持ったまま、体重を「グーッ」と板の先端にかけて**いき、腰に力を入れて下半身を持ち上げるようにしてみましょう。ビート板の先が5センチくらい沈み、つんのめるくらいの感じになれば、カラダはまっすぐ浮いてくるはずです。

　このように下半身が沈む人でも、じつはズーマーや足ひれをつければ、少しのキックでも簡単にカラダを浮かせられるんです。

ズーマーをつけたキック

最初からズーマーを使えば、ラクに進むキックが簡単に覚えられる。ちなみに「バタフライのキックは腰を使え」と教わった人も多いと思うが、はじめは腰を使う必要はない

ズーマーよりもひと回り大きい足ひれ（ロングフィン）を使ってもよい。ただし、しなりと面積が実際の足首よりかなり大きくなるので、ズーマーのほうがオススメ

ズーマーを使えば、簡単に覚えられる

私が「バタフライで泳ぎたい！」というみなさんに指導するときは、必ずズーマーをつけてもらうようにしています。

しなりと広い面積を活かしてうまく水をとらえられるので、よけいな力を使う必要がなく、初級者でもラクに進む「効率のいい」キックがすぐに打てるようになるんです。さらに、効率よく進んだキックの動作をカラダが覚えてしまうので、外してからもそのまま効率のいいキックが打てる利点もあります。

推進力が一気に上がるので、呼吸やかきの動作、タイミングも、ラクに覚えられます。ズーマーをつければ、ほんの30分でバタフライが泳げるようになる人も結構いるんです。

キックと呼吸のタイミング❶

「ニィー」のキックに合わせて呼吸しましょう。

呼吸の動作につながるので、「イチ、ニィー」のリズムはつねに唱えておくようにしよう

キックのリズムに合わせて呼吸する

キックで進むようになったら、キックのリズムに合わせた「呼吸のタイミング」を覚えていきましょう。

ここでもビート板を使いますが、今度は顔を水につけてキックします。

これまでどおり、キックは「イチ、ニィー」のリズムで打ってください。「イチ」では顔をつけたまま軽く打ち「ニィー」で少し大きく打って顔を上げ、「パッ、ハァ」と呼吸します。吸ったら「ンッ」と止めて再び顔をつけ、「イチ」のキックを打ちましょう。

下半身が沈みやすい人は、この練習でもビート板の先を持っていい。ただし、中央あたりに手を置いたほうが、顔を水につけるときにじゃまにならない

慣れたらビート板の中央に手を置く

ポイントは呼吸のタイミングなので、「ニィー」のキックを打つたびに呼吸してください。この段階で呼吸のタイミングをつかめば、この先、呼吸やかきがだんぜんラクにできるようになります。

顔を上げることで次のキックが打ちにくくなった人は、下半身が沈んできているはずです。その場合はお腹と腰に力を入れて、下半身を持ち上げるように意識してみましょう。

下半身までしっかり浮くようになったら、**ヒジを曲げずに腕を伸ばし、ビート板の中央あたりに手を置いて**練習してみましょう。手を置くだけなので、ビート板による浮力のサポートは弱まりますが、水中での姿勢は、より実際のバタフライに近づきます。

次からはビート板を外しますが、その前に「手を置くだけ」を試してみるといいでしょう。

この練習でも、ズーマーをつけて行ったほうが、上達はだんぜん早くなる

キックと呼吸のタイミング❷

顔を上げる意識が次の動作につながります。

ビート板を外して呼吸の練習

キックのリズムに合わせて呼吸できるようになったら、ビート板を外してみましょう。これまでと同じように腕を前に伸ばし、「ニィー」のタイミングで呼吸します。息つぎの動作をしないほうが速く進めますが、これはあくまでも「呼吸の練習」です。「ニィー」のキックのたびに呼吸して、タイミングをつかみましょう。

スカーリングで顔を上げる

腕を前に伸ばしたまま顔を上げて呼吸できればいいのですが、ビート板を外すと上げにくくなる人も多いと思います。これで呼吸のタイミングが崩れるような場合は、**顔を上げるために手首から先で小さくかいて**みましょう。「ニィー」のキックのときに軽くスカーリング（16ページ参照）すれば、息つぎの動作をサポートできます。小さめのスカーリングで顔がうまく上がら

スカーリングで呼吸とキックの練習をしよう

「イチ、ニィー」のリズムでキックを打つ。「イチ」のキックでは、腕を前に伸ばしておく（①）。「ニィー」のキックを打つときに軽いスカーリングで顔上げをサポート（②〜④）。呼吸のために顔を上げようとする意識が、116ページから説明する「腕を回す」動作につながる。カラダによけいな力が入らないようにするために、この練習でも、できればズーマーをつけておきたい

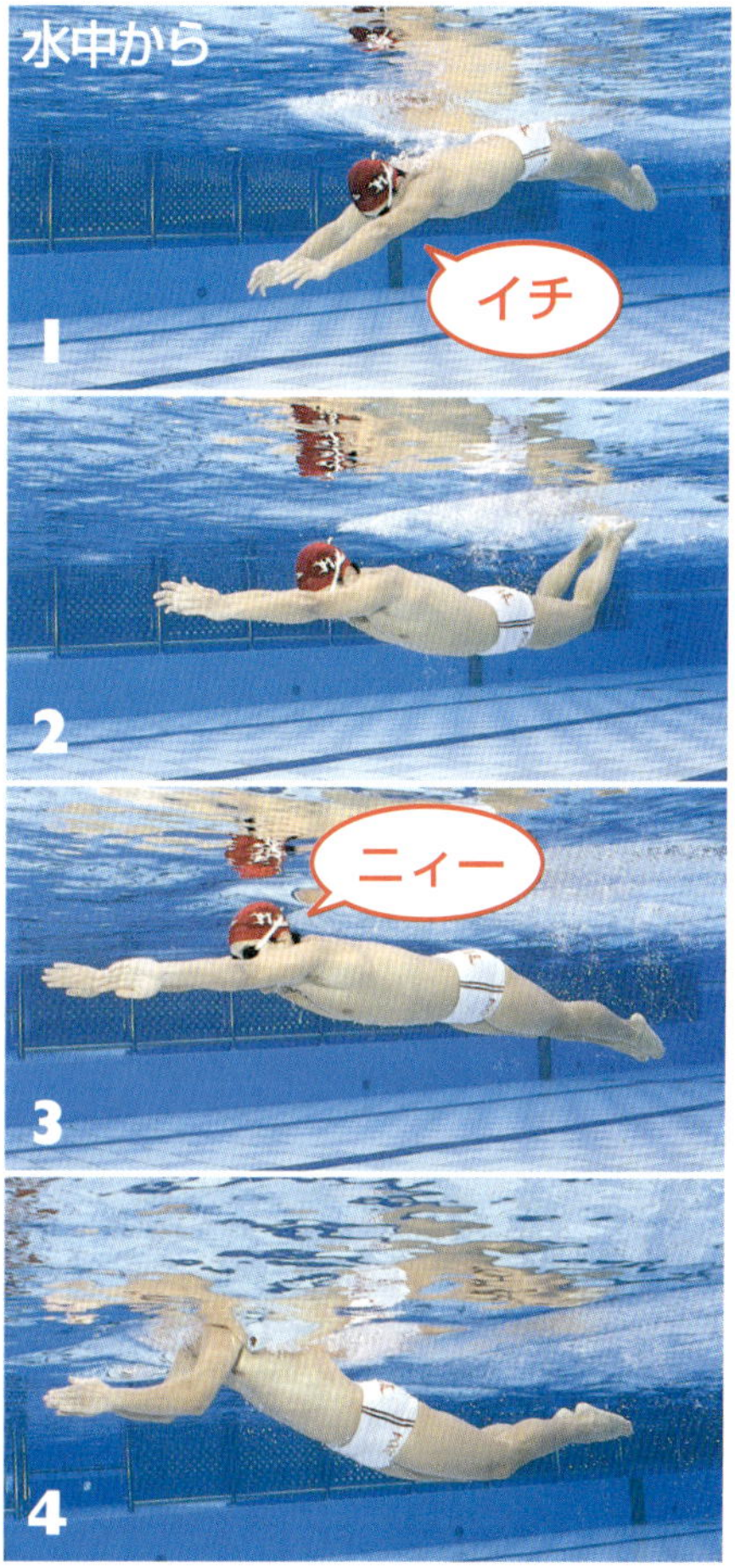

ない場合は、少し大きめにかいてもかまいません。

顔を上げて呼吸したあとはカラダが沈みますが、吸ってから「ンッ」と止めれば、カラダは必ず浮いてくるので、あわてないで大丈夫です。

ビート板を外した「呼吸の練習」でキックと呼吸のタイミングが崩れなければ、あとは腕の動きをそのタイミングに合わせてつけていくだけで、バタフライは泳げるようになるんです。

初級者の手のかき❶

呼吸と同じ「ニィー」で腕を回せばいいんです。

はじめは、立って腕を回す

キックと呼吸のタイミングが合えば、あとは腕の動作を加えるだけで「簡単バタフライ」の完成です！

スムーズにかきのタイミングを覚えるために、まずはプールの中に立った状態で練習してみましょう。

水面に手を置く感じで、腕を前に伸ばしてください。キックと同じ「イチ、ニィー」のリズムを唱えながら、「イチ」では伸ばしたままにして、**「ニィー」のタイミングで腕をグルッと回しましょう。**

ポイントは、一気にかくことです。実際の泳ぎでは、一気にかかないと顔を上げる勢いはつかず、腕を前に戻してこれません。

ただし、水の抵抗を強く受けるので、力の弱い人などは、「グルッ」と回しきれないかもしれません。その場合は、水中を半分くらいかいたら、途中で前に戻して

立ったまま呼吸に合わせて腕を回してみよう

「イチ、ニィー」とキックのリズムを唱えておく。「イチ」ではかかず「ニィー」のタイミングで一気に回す。クロールと違いタテにグルッと回すのではなく、写真のように水上では横から前に戻す。タイミングを崩さないことが大切。回しきれなかったら、半分くらいで戻してきてもいい。慣れたら顔をつけて同様に

きてもかまいません。

この段階では「ニィー」のタイミングに合わせてグルッと一気に回しきることが重要です。

また腕を水中から抜き上げて、グルッと回すときは必ず、親指を下に向けておきましょう。こうしないと、肩を痛める危険があるので注意してください。

これでかきのタイミングがつかめたら、次は浮かんだ状態でキックと合わせていきましょう。

初級者の手のかき❷

一気にかききれなかったら途中で出してもいいんです。

キックに合わせて腕を回す

この練習でも「イチ、ニィー」のタイミングを崩さないことがいちばんのポイントです。ここまで段階を踏んで練習してきたので、気をラクにしてやってみましょう。

浮いた状態では踏んばりどころがなくなります。かいてから腕を前へうまく戻せない場合は「ニィー」のキックを少し強めに打ちましょう。キックの推進力がサポートしてくれるので、一気にかくのがラクになります。

アゴを突き出すように顔を上げる

一気にかくことで上半身は自然に上がりますが、顔をうまく上げられない人は、かく力を、**カラダを持ち上げる下方向と前に進ませる後ろ方向の半々に使う**ようにしてみましょう。カラダがなめ上に浮いてくるので、顔は水上に出やすくなります。

さらに、**アゴを突き出す**ようにすれ

一気にかいて
腕を戻して伸びる

「イチ」のキックではまだ腕を前に伸ばしたままにしておく（①）。「ニィー」のキックを打つときに、一気にかいて（②）、顔を上げる（③）。腕を戻しながら呼吸して、再び入水する（④）。スカーリングで60度くらいに開き、腕の内側と胸の筋肉を意識して「水を下に押さえ込むように」一気にかく。こうするとカラダは持ち上がりやすい

ば、ムリなく呼吸できるようになるでしょう。顔が上がったら呼吸して、腕を前に戻していきます。戻すときは親指を下に向けておきましょう。

　また、立って回す練習のときと同様に、肩が硬い人や腕の力が弱い人は、**後ろまでかききらずに、途中から出して**しまいましょう。「それじゃ前に進まないのでは？」と思うかもしれませんが大丈夫。バタフライでいちばん進むのは、かくときではなく、前に伸びているときなんです。

「簡単バタフライ」の完成！

「イチ、ニィー」のキックのリズムに合わせて、呼吸とかきができれば「高橋式簡単バタフライ」は完成です。

　とくにズーマーを使って練習すれば「こんなすぐにできていいの？」と思うくらい簡単ですが、端から見れば立派なバタフライになっています。自信をもって少しずつ、泳ぎに磨きをかけていきましょう。

効率のよいきれいなキック

内またで足を広く使えば水をより多くとらえられます。

内またのキックでより効率よく

「簡単バタフライ」では、キックを打つときに親指どうしが軽く触れる程度、と紹介しましたが、ここからはさらに「内また」にするように意識してみましょう。

内またにすることで足の幅が横に広がり、より多くの水をとらえられるようになります。さらに、足首がしなりやすくなるメリットもあります。

キックを打つときにこのしなりを活かして、蹴り終わりに「ピッ」とつま先に力を入れて伸ばしましょう。より効率よく進むキックになります。

「ニィー」のあとの「戻し」を意識する

次は、キックの「戻し」に注目してみましょう。

蹴り下げたあとは、次のキックを準備するために足を上に戻しますが、このときに、脚の裏側全体で水面へ向けて水を押さえるように意識してくださ

内またでキック

内またにすることで、足の幅が横に広がり、より多くの水をとらえて送り出せる。また足首は、右のように、ヒザまでピッタリそろえたときよりも、内またにしたときのほうがしなりやすい

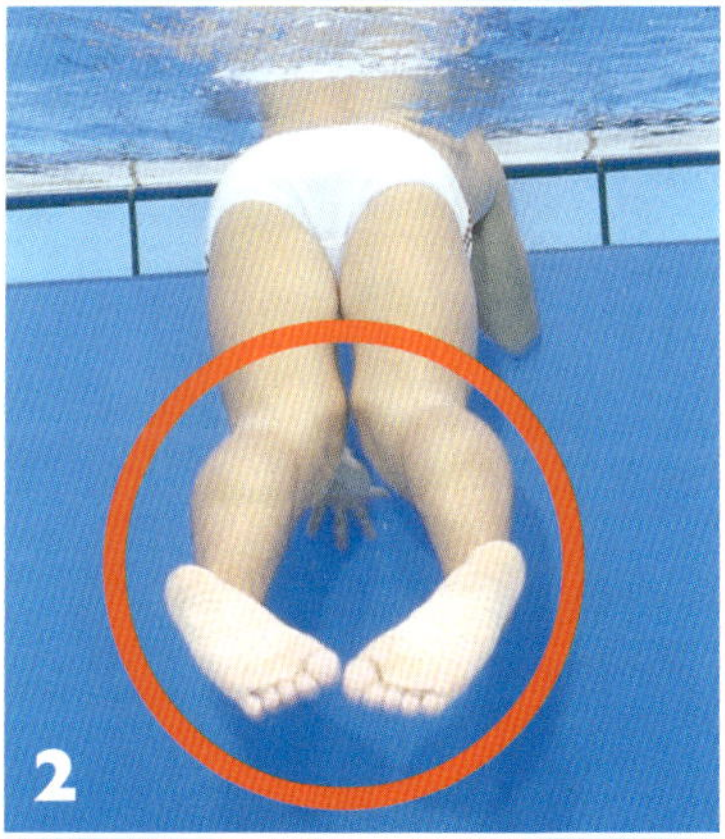

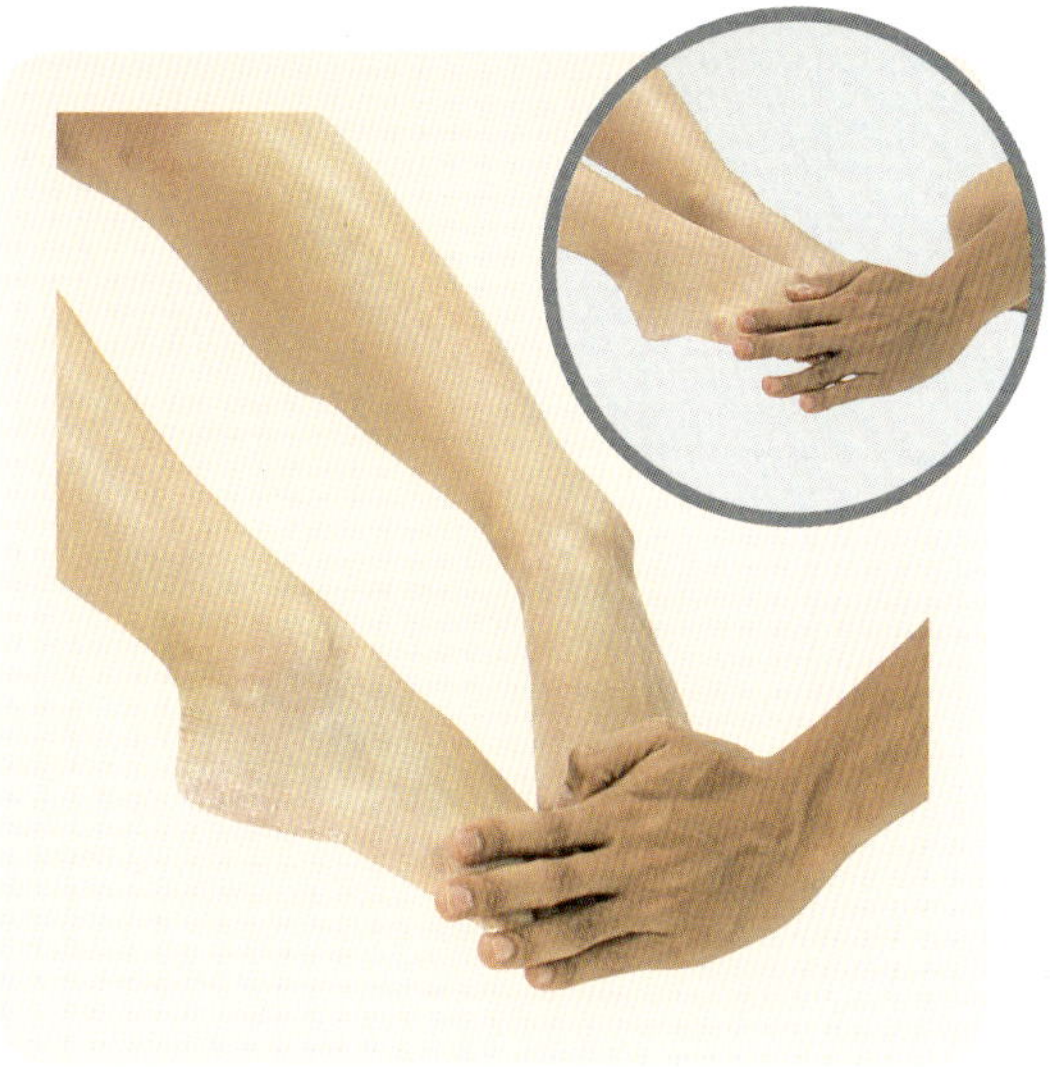

い。これを「アップキック」といい、ヒザ裏から持ち上げるようにすると、スムーズに行えます。

アップキックは「イチ、ニィー」両方のキック後に行いますが、まずはきれいなフォームで泳ぐバタフライを身につけたいので、**「ニィー」のあとのアップキックをちょっと長め**にとるようにしてください。次の蹴り出しを抑えることで、手を回して呼吸するための十分な「間」がとれます。

初級者は次々とキックを蹴りがちで、手と足の動きがバラバラになりやすいのですが、それを防げるようにもなります。

このアップキックを身につける最適なドリルが「サイドキック（141ページ）」と「フライオンバック（142ページ）」です。

横になってキックで進む「サイドキック」は上下のキックへの意識を均等にし、背面キックで進む「フライオンバック」は、水を押さえつけるキックが身につきます。ぜひ実践してみてください。

かきのレベルアップ❶

入水後は前に伸びて推進力を活かしましょう。

肩幅のライン上あたりに入水する

「ニィー」のタイミングでかいたあと、腕を前に戻して入水します。

初級者の「簡単バタフライ」では意識しませんでしたが、中・上級者のバタフライでは肩幅より少し内側に入水してください。そこまで腕が回らなければ、肩幅のライン上に入水してもかまいません。

手を合わせて入水したほうが「ストリームライン」の形に近づいて、水の抵抗は減らせますが、それ以上に腕を開いていく時間がムダになります。

ムリに腕を回して前にそろえるよりは、**肩幅のライン上かやや内側へ腕を伸ばして**、ラクに入水しましょう。

入水すると同時に「イチ」のキックを打って「グーッ」と前に伸びていきます。119ページでも触れましたが、バタフライでいちばん進むのは、かき終えて入水し、前に「グーッ」と伸びるときです。

腕を前に伸ばしてグーッと伸びる

入水すると同時に「イチ」のキックを打ち、前に「グーッ」と伸びる。バタフライでいちばん推進力がつくのはこのとき（①）。「ニィー」のキックで一気にかく（②）。水上でのリカバリーのあと、再び入水し、「イチ」のキックを打って、前に「グーッ」と伸びる（③）。「ニィー」で一気にかいたあとはリカバリー（④）。入水と同時に「イチ」のキック。アップキックをして前に伸びながら「ニィー」のキックの準備をする（⑤）

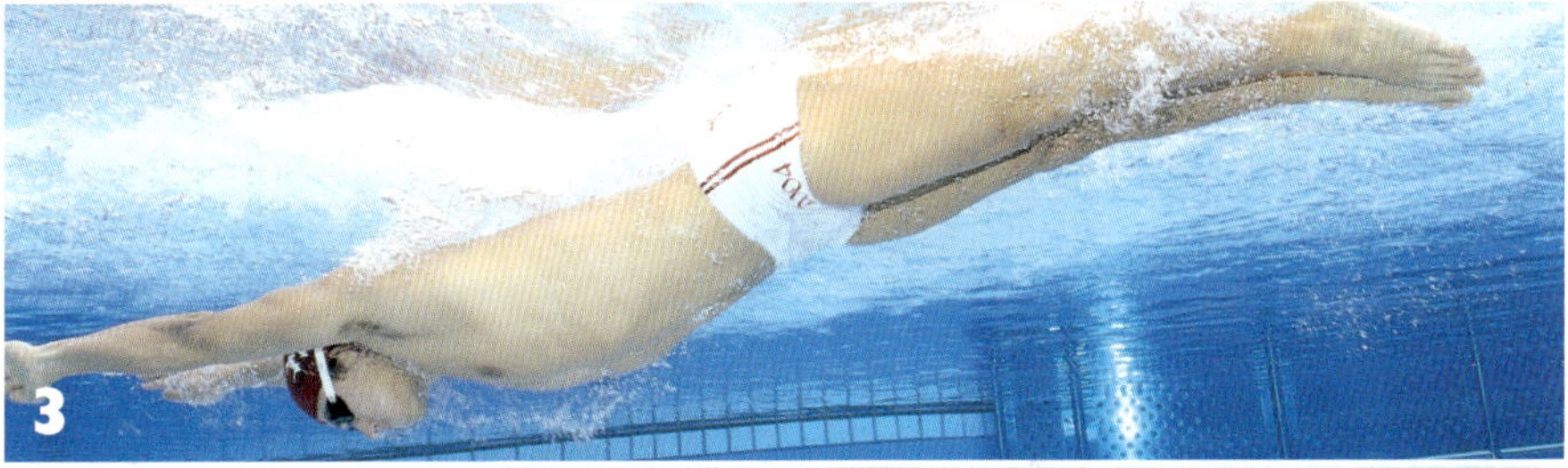

かきのレベルアップ❷

ひと伸びしたら腕を開いてヒジを立てましょう。

ヒジを立てて水をつかむ

入水と同時に「イチ」のキックを打ってひと伸びしたら、スカーリング（16ページ参照）の要領で、**両腕を50〜60度に開いて**いきます。

このくらいの角度まで開いていくと、ヒジを立てられるポイントが見つかります。そこが「水をつかむ（キャッチする）」ポイントです。水をつかむ感覚は、スカーリングでおさらいしてみるといいでしょう。

ヒジを立てて「水をつかむ」ことができたら、そのまま水を後ろへ送り出す動作へと移ります。

ひと伸びしたらかき始める

ここまでの動作は「イチ」のキック後、ひと伸びしたら始めましょう。「簡単バタフライ」では「ニィー」で一気にかくまで、手を前に置いていましたが、中・上級者のバタフライでは、「イチ」のキック後、ひと伸びして腕

腕を戻して入水、ひと伸びしたらかき始める

「ニィー」のキックのタイミングで一気にかいて前に戻す。入水と同時に「イチ」のキックを打ったら、前に伸びる。ひと伸びしたあと、両腕を50〜60度に開いていき、ヒジを立ててキャッチする

を開き始め、50〜60度に開いたところでヒジを立てて水をつかみます。

腕の動き出しは早くなりますが、キックと呼吸のタイミングはこれまでどおりです。うまくできれば効率のいい泳ぎに近づけます。

かきのレベルアップ③

内側へ水を包み込んでまっすぐかききりましょう。

包み込み、後ろへ押し出して進む

中・上級者の手のかきは、すべて前に進むためのものです。かき始めに両腕を開き、ヒジを立てて水をつかんだら「ニィー」でかいていきますが、「簡単バタフライ」のように下へ「押さえ込む」のではなく、腕全体でカラダの内側へ「包み込む」ようにします。

徐々にかきのスピードを上げていって、顔の下あたりまで包み込んできたら、カラダの真ん中を通るようにまっすぐかききりましょう。つかんだ水を後ろに押し出すことで、カラダを前に進めるイメージです。

つかんだ水を逃がさないために、**手のひらはつねに進行方向の逆へ向けて**おいてください。

また、両腕を開きヒジを立てるまでは、ゆっくりです。急いで行うと、水を十分にとらえられません。とらえた水を包み込むときも、徐々にスピードアップすることを心がけてください。

包み込んでからかききり一気に抜き上げる

「イチ」のキックを打ち、ひと伸びしたら、ヒジを立ててキャッチ。徐々にかきを加速させて、顔の下あたりまでとらえた水を包み込んだら、カラダの真ん中を通るように、まっすぐかききる。かききった勢いのまま抜き上げて、一気に前へ腕を戻す

顔はアゴの先が少し出れば十分

かきの力をすべて後ろへ向けた分「顔が上がりにくいのでは」と不安になるかもしれません。でも大丈夫です。効率よくかければカラダは自然に持ち上がります。それでも不安な人は、意識的にアゴを突き出しましょう。

顔を上げる目安は、アゴの先が水面よりちょっと上がるくらいで十分です。上げすぎると、それだけ水の抵抗が大きくなるので気をつけてください。

かきのレベルアップ④

親指を下に向けておけば腕は回しやすくなります。

かいた勢いのまま手を抜き上げる

スピードを徐々に上げ水中をかききったら、その勢いのまま手を抜き上げ、一気に腕を前に持っていきましょう。

抜き上げたら、親指はつねに下に向けておいてください。手のひらは進行方向の逆に向け、肩甲骨から動かして一気に回します。こうすることで、腕がきれいに、ラクに回せるようになるんです。

だんだんラクに回せるようになる

親指を下に向け、手のひらを進行方向の反対側に向けることで、肩は回りやすくなります。

はじめは硬くて回らない人もいると思いますが、ゆっくりラクに泳ぐバタフライ自体がいいストレッチになるし、肩を回す筋肉のいい運動にもなります。

だんだんラクに回せるようになるので、安心して練習を続けましょう。

抜き上げたら一気に腕を回して入水

水中をかききり（①）、抜き上げた腕を回して入水（②～⑤）。右が正面から、左が横から見たところ。かききった勢いのまま、手を抜き上げる。抜き上げたら、親指を下に、手のひらを進行方向の逆に向け、手首を先行させるように、一気に腕を回す。左右の肩甲骨を真ん中に寄せて回し始めると、きれいに、ラクに腕が回る（136ページ参照）。入水は肩幅のライン上に。入水と同時に「イチ」のキックを打って「グーッ」と前に伸びる

肩のラインに入水

Takahashi's Swimming System バタフライ

かきのレベルアップ⑤

腕をスムーズに動かしていきましょう。

かきのポイントをおさらいする

ここまで紹介してきた、かきのポイントを整理してみましょう。

- 肩幅のラインで入水する
- 外側に腕を開いてヒジを立て、水をつかむ（キャッチする）
- カラダの内側へ水を包み込む
- かきを徐々に加速させ、顔の下あたりまで手がきたら、一気にかく
- 最後の一滴まで水を押し、かきの勢いのまま親指を下にして抜き上げる
- 肩甲骨から回して、一気に前へ戻す

これらを連動させ、腕をスムーズに動かします。できないところを意識的に練習すれば、上達は早まるでしょう。

また、動作を一連の流れで見ると、入水→開いてキャッチ→内側に包み込む→まっすぐ後ろに送り出す　というように、水中のかきは曲線を描きます。

クロール（145ページから）では、意識しなくてもかきの軌道は自然なS字になりますが、バタフライでは必ず両

キャッチのポイントを探す

つかんだ水を押し出す

一気にかく

入水（エントリー）→ストリームライン→キャッチ→かく（プル）→抜き上げ→戻す（リカバリー）が腕の動きの流れ。どれができて、どれができないかをチェックしよう

親指を下にして抜き上げる

一気に戻す

手でS字のような曲線を描きます。この**新しい水を探してかく**動きが、効率のいいかきの軌道なんです。

きれいに効率よく進むバタフライ

「イチ、ニィー」のリズムを崩さずに呼吸し、キックとかきでしっかり推進力が生み出せるようになれば、バタフライを気持ちよく、きれいに泳げるようになります。

ここまでできれば、もう中級者です。次からはいよいよバタフライの醍醐味《だいごみ》である「ダイナミックな泳ぎ」に挑戦してみましょう。

ダイナミックに泳ぐ❶

「ボディコア」からうねるキックをめざしましょう。

「ダイナミック」＝《イコール》「速く泳ぐ動作」

バタフライといえばやはり競泳選手が豪快に泳ぐイメージが浮かんでくるでしょう。そこで、ここからはダイナミックでカッコいいバタフライを泳ぐコツを紹介していきます。

ダイナミックな動作は、より速く泳ぐためのもの。速く泳ぐには、ヒザから先の動きだけでなく「ボディコア（体幹＝胴から腰のあたり）」からのキックが必要になります。

アップキックで脚を持ち上げたら「ボディコア」から太もも、ヒザ下、しなった足首からつま先へと、うねるように力を伝えていきます（これで腰は自然に動きます）。ほかの泳法のキックでも説明した**「ムチのしなり」のイメージ**です。

ここでようやく、腰の動きが出てきました。「初級者は腰を使わないでいい」とは、こういうワケなんです。

ダイナミックなバタフライのキック

①入水と同時に「イチ」のキックを打ち、アップキックをしながら「グーッ」と前に伸びる。十分に伸びて、かき始めると同時に「ニィー」のキックを打ち始める
②「ボディコア」から太もも、ヒザ下、足首、つま先へと力を伝えていく瞬間
③キックを大きく打つと同時に、顔のあたりからまっすぐ一気にかく

ダイナミックに泳ぐ❷

ストレッチングタイムで大きく進みましょう。

「イチ」のあとにひと伸びする

バタフライで推進力がもっともつくのは「イチ」のキックのあと、ひと伸びしているときです。

「ニィー」のキックのあとのほうが、水中のかきも同じタイミングで入るので大きく進んでいそうですが、呼吸の動作で水の抵抗を大きく受けるため、力を出している割には進んでいないんです。

この、推進力がもっともついている「間」をムダにしないためにも**「イチ」のキックを打ったあとは「ストレッチングタイム」**で前に伸びる姿勢をつくって、水の抵抗を減らしましょう。

入水と同時に「イチ」のキックを打ち、腕を伸ばして体重を前方にかけていき「グーッ」とひと伸びします。水面に対して平行になるよりは、少し前につんのめるようなイメージをもちましょう。

ほかの泳法のストレッチングタイム

入水後はストレッチングタイム

入水と同時に「イチ」のキックを打ったら(①)、ストレッチングタイム中のアップキックを(②)

と異なるのは、伸びながら腕を開いていくことです。「イチ」のキックを打ったら、「グーッ」と伸びながらキャッチのポイントを探し始め、ヒジを立てて水をとらえたら、内側に包み込むように、徐々に加速させてかくんです。

「イチ」のあとのアップキック

ダイナミックなバタフライでは、「イチ」のキックのあとのアップキックが重要になります。

「イチ」のキックのあとに水面を押さえることで、ストレッチングタイム中につんのめるような姿勢がつくりやすくなるんです。

ほかにも「イチ」のあとのアップキックには、**ちょうど引き上げたバネが勢いよく戻るように、次の「ニィー」のキックを鋭く打てる**効果があります。もちろん「ニィー」のあともアップキックは行ってください。

こうしたコツをとり入れて、グングン進む快感を味わいましょう。

ダイナミックに泳ぐ❸

肩甲骨から肩を動かせば腕はスムーズに回ります。

寄せた肩甲骨から動かすように、腕を回す

抜き上げるときに、左右の肩甲骨を真ん中に寄せる

手を水中から抜き上げたら、親指は下に、手のひらは進行方向の逆に向け、腕を一気に回す

肩甲骨どうしを寄せて回す

抜き上げた腕を回しやすくするために、これまでは「親指を下に向け、手のひらを進行方向の反対に向けて戻す」と説明しました。ここではさらに回しやすくするために、肩甲骨から肩を回すようにしてみましょう。

かき終えた**手を抜き上げるときに、左右の肩甲骨を寄せる**ように回していきます。こうすると肩が硬い人でも腕が回りやすくなるうえ、水上での動作がよりダイナミックになります。

あとは**手首を先行させるように、腕を大きく戻して**いきます。

ストレッチングタイムもラクになる

肩甲骨から肩を回すようにすると、腕を前に伸ばしたときに、ストレッチングタイムの体勢もつくりやすくなります。呼吸したらすぐに顔を下（目線はななめ前）に向けて、体重を前に乗せやすい姿勢をつくっておきましょう。

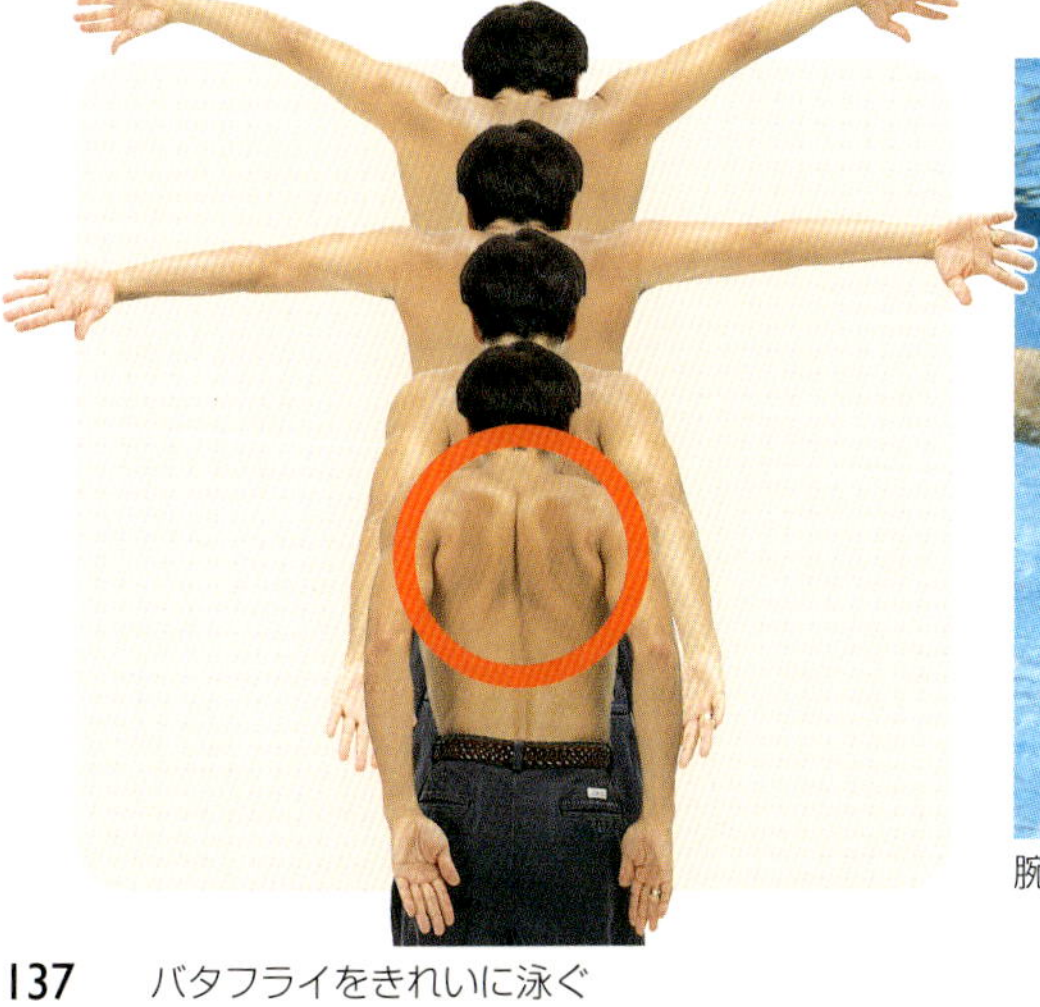

3

腕を大きく、ダイナミックに回していく

ゆっくり長時間泳ぐ

「イチ」のキックだけ打てばラクに長く泳げます。

ムダな力を省けば長く泳げる

バタフライは両腕を同時に、一気に前へ持ってこなければならないので、ほかの泳法に比べて疲れやすいかもしれません。

ですが、つねに大きな力が必要なわけではないので、ムダな力を省けば、長くラクに泳ぐこともできます。そのためのポイントを知りましょう。

「ニィー」のキックを打たない

ダイナミックな泳ぎでは、大きく打つ「ニィー」のキックにポイントを置き、2回のキックで推進力をつけましたが、きれいに長く、ラクに泳ぎたい場合は**「イチ」のキックにポイントを置き**、「ニィー」のキックを打たないように泳ぎを徐々に変化させていきましょう。

ただし「イチ、ニィー」のリズムは、これまでどおりのテンポで数えておいてください。

ゆっくり長く泳ぐバタフライ

①入水と同時に「イチ」のキック。そのあとのストレッチングタイムを十分にとる
②開いてキャッチ。徐々にスピードを上げてかく。アップキックで水面を押さえておく
③フィニッシュ。ここで「ニィー」のキックを打たない
④⑤前に戻していく
⑥「イチ」のキックを打つ
⑦ストレッチングタイムを十分にとる

「ニィー」のキックを打たなくても、アップキックで水面をしっかり押さえておけば、かきの勢いだけでもスムーズに顔を上げられるんです。手を後ろまでかかず、少し手前で抜き上げると、ラクに泳げます。

バタフライの中級者のレベルに達して、バタフライで長く泳いでみたい人は、これらのコツを踏まえて、チャレンジしてください。

きっと満足できる距離を泳げるようになるでしょう。

水中ドルフィンキックドリル

水中でドルフィンキックをくり返す。どの深さで安定したキックが打てるかを確認しよう。とくにアップキックで太もも、ふくらはぎ、足の裏で水をしっかり押さえられているかがポイント。ヒザを極端に曲げたり、おおげさなキックはNG。みぞおちから始動するイメージでキックしよう。

1

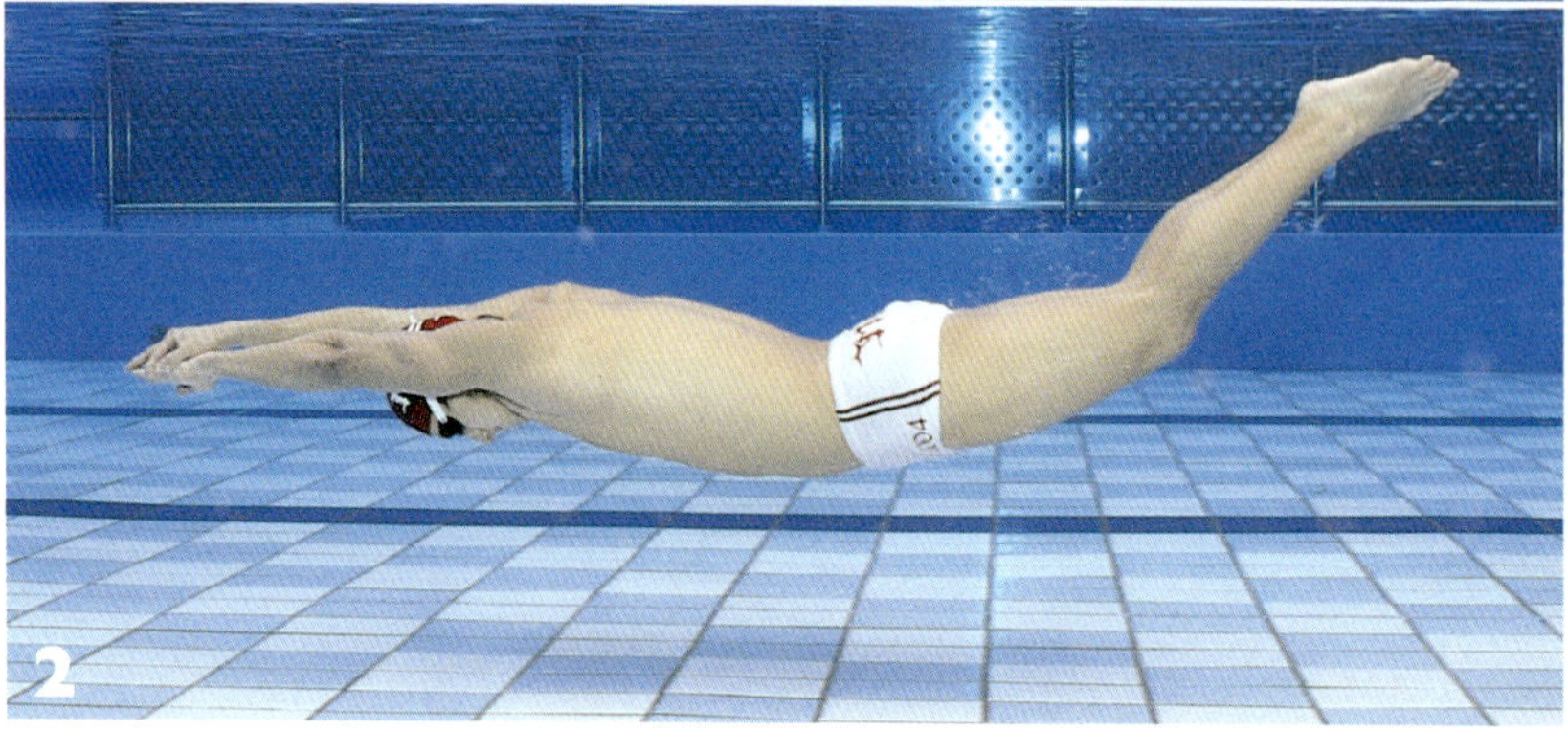

2

バタフライのドリル

泳ぎのリズムとタイミングが重要なバタフライは、そのまま泳ぐのが最良の練習法ですが、なかにはキックの動きだけチェックしたいという人もいるかもしれません。

そこでここでは、トップスイマーも自分の泳ぎを確認するときに行っているドリルを4つ紹介します。はじめの3つはキックに関するドリル、片手ドリルだけ手のかきについてのものです。

キックのドリルは、さまざまな姿勢でドルフィンキックをくり返し、ボディコアから始動するしなやかなキックが打てているかを確認するものです。いずれも脚にかかる力やチェックするところが異なるので、それぞれのポイントを意識して行いましょう。

143ページの片手ドリルは、手のかきのドリルですが、キックとのタイミングも忘れないでください。

サイドキックドリル

横向きで浮き、下側にくる腕を前に伸ばす。この姿勢でキックして進む。横になることで、脚の押し上げと蹴り下げのときにかかる力が均等になり、泳ぎのなかでは確認しにくい押し上げの動作がチェックできる。まっすぐ進めるように、左右均等にバランスよくキックしよう。

フライオンバックドリル

あお向けで浮いてキックで進む。このドリルの目的は2つ。1つは、キックのときにかかる力が正反対になるので、脚の裏側の「戻し」を意識できること。キックは深いほうに打つと重く感じるので、これが意識しやすくなる。もう1つは、ボディコア（体幹）から太もも、ヒザ、足首まで力をうまく伝え、ムチのような足の動きを確認すること。胴体と脚のつなぎ目の筋肉も刺激される。

片手ドリル

手のかきの動作を片手だけ行う。足はふつうのキックで進む。片手のほうが見やすく回しやすいので、ふだんはなかなか確認できない入水の位置や、かきの軌道などを入念にチェックしよう。手のかきとキックのタイミングは、必ず合わせること。顔を前に向けておいてもよい。

サプリメントとコンディショニング

サプリメントは、泳ぎをスムーズに覚えるための手助けになります。空腹では、やはりカラダが動きませんし、泳いだあとも疲れが残ってしまいます。エネルギーをいかに減らさないかを意識してください。エネルギーが完全に減ってからでは、回復するまでに相当の時間がかかります。枯渇したエネルギーをどこから補うかというと、筋肉や骨からなんです。

せっかくカラダにいいことをしようとしているのに、筋肉や骨が分解されるのでは逆効果です。これは、年齢がいけばいくほど考えなければならないことなんです。

具体的には、小腹が空いていたらトレーニングの30分くらい前に、ゼリーやブロックタイプのサプリメントを摂るようにしましょう。トレーニング中は水分と糖分の補給です。市販のスポーツドリンクでは濃すぎるので、半分くらいに薄めるといいでしょう。トレーニング後はアミノ酸を補給しましょう。いかに減らさないか、効率よく回復するかを考えて、サプリメントを上手にとり入れてください。

トレーニング後は、クーリングダウンも含めて必ずストレッチを行います。カラダを使うということは、筋肉を縮めることです。使って「縮まろう、縮まろう」としている筋肉を伸ばすことでカラダがほぐれ、気持ちもリラックスします。

また練習前後は、初級者、選手を問わず泳ぐ前にストレッチやバランスボールを使ったコア（体幹）トレーニング、チューブを利用したインナーマッスル（日常生活ではあまり使わない内層の筋肉）トレーニングを、「軽め」でいいのでぜひやってほしいと思います。これによって、水に入っても動きやすくなり、泳ぎのコツを覚える手助けとなります。

この本では紹介できませんでしたが、専門のトレーナーなどのアドバイスを受けながら、行うようにしましょう。

水泳は、一生できる運動です。サプリメント&コンディショニングトレーニングでカラダをいたわりながら、長く楽しく続けていきましょう。

クロールをさらにきれいに泳ぐ

「ゆったりと、美しく、ラクに泳ぐ」が目標です。

つねにストリームラインに近い姿勢を保ち、いちばん「美」を追求できる泳法です。最速の泳法でありながら、もっともゆっくり泳ぐこともできます。すべての泳法の基本といえるでしょう。

Takahashi's Swimming System

ゆったりと、美しく、ラクに泳ぐ クロールが目標です。

クロールの「2つの理想形」

クロールの特徴は、ほかの泳法よりも水から受ける抵抗が少なく、効率よく泳げるフォームにあります。水の中を気持ちよく進むという、水泳の最高の魅力を実感してみましょう。

このクロールの理想形は「めざすところ」の違いによって、2つの泳ぎに分かれます。1つは、「速さを追求した」ダイナミックな泳ぎ。もう1つは「ゆったりした動作で美しく進む」きれいな泳ぎです。

速く泳ぐには、テクニックとパワーを磨くトレーニングが必要ですが、ゆったりと美しく進む泳ぎなら、コツさえつかめばだれでも実現できます。こ

ゆったりと美しい動作で呼吸する

クロールの「横呼吸」がスムーズにできれば、泳ぎはさらにきれいになります。落ち着いて動作を覚えましょう。

長く、ラクに泳げることをめざそう

水中姿勢をまっすぐ保ち、効率のよいキックと手のかきができていれば、動作を減らしても十分に進みます。

Takahashi's Swimming System～クロール

の章では、**みなさんが25メートル程度は泳げることを前提**に、後者のクロールを目標として、泳ぎを「理想形」に近づけていくコツを数多く紹介していきます。

フォームの確認から始めよう

美しいフォームでゆったりと泳げるようになれば、50～100メートル程度でヘトヘトになることはありません。続けて長く泳げない人は、次ページから紹介するチェックポイントをひとつずつ確認して、実践してみましょう。

また、25メートル程度泳いで息切れしてしまう人は「呼吸」や「しっかり浮く」「水をとらえる」といった基本（8ページからの「5つのポイント」参照）をおさらいするとよいでしょう。プカリと浮いて進む気持ちよさを再確認できれば、息切れせずに落ち着いて泳げるようになります。

ゆったりと、急がずに、しかし水を気持ちよくとらえて、さらにきれいに泳ぐことをめざしましょう。

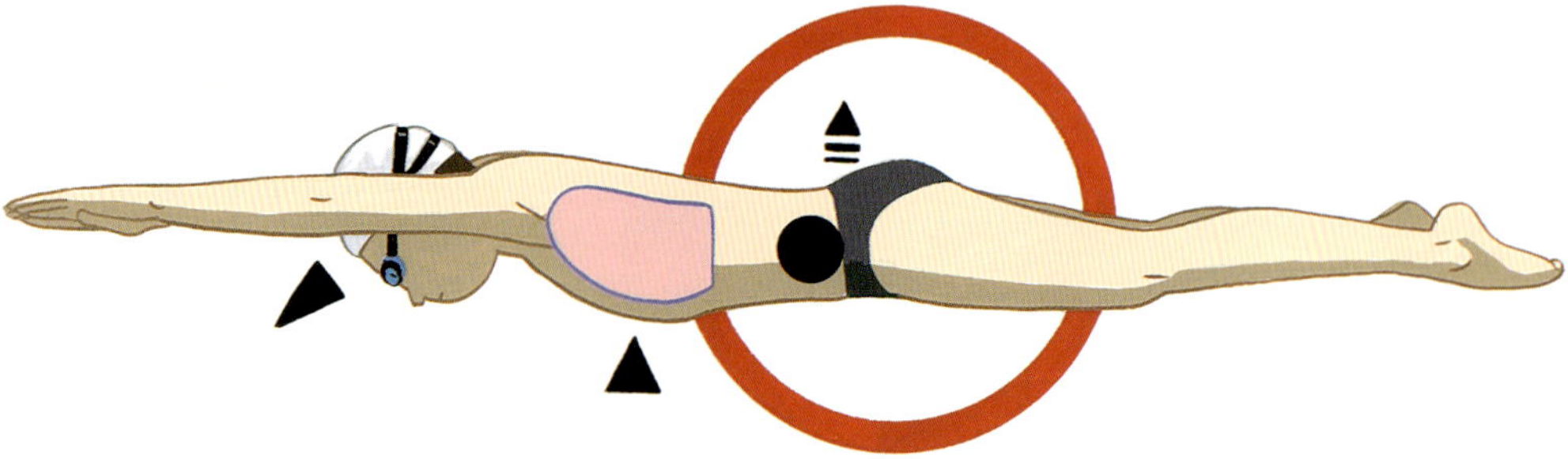

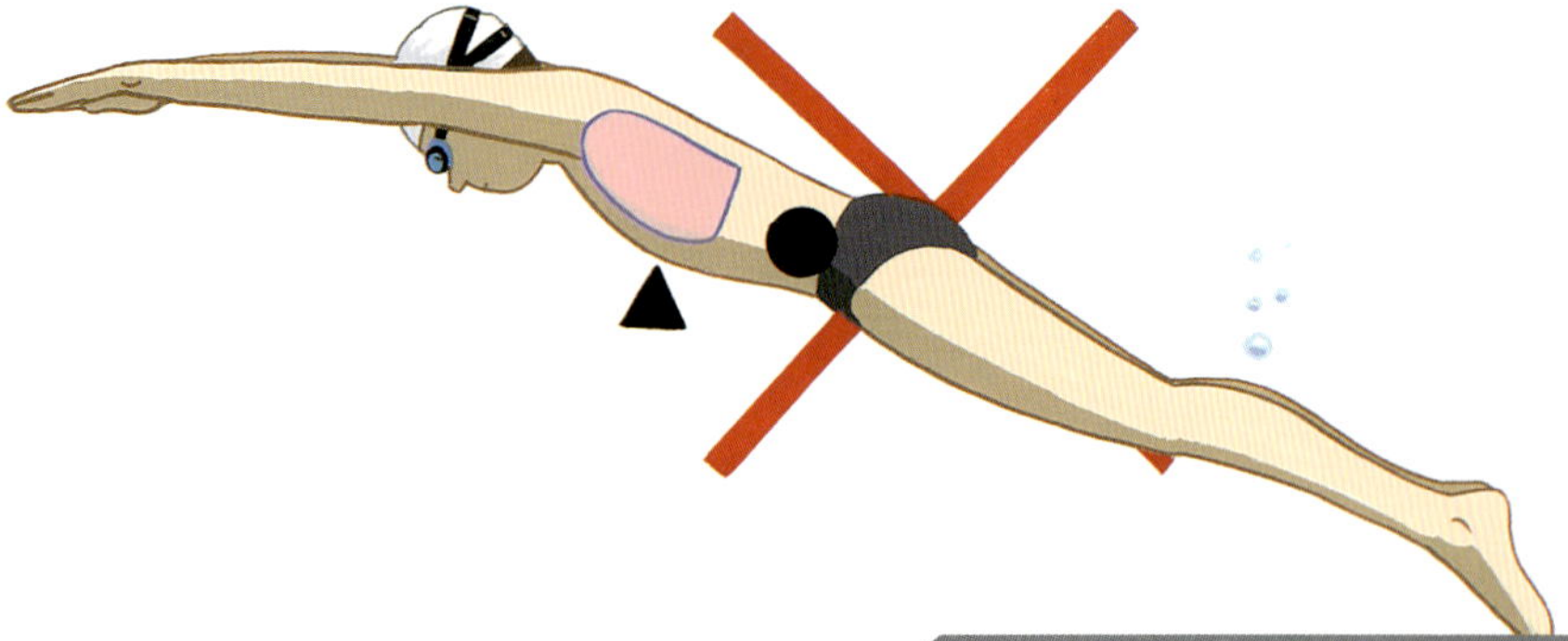

フォームをチェック❶

泳げる人も「浮く」ことを再確認しましょう。

「伏し浮き」で水中姿勢をチェック

ラクに泳ぐための最初のチェックポイントは、浮く姿勢です。正しい姿勢で浮けば、「ゆるやかなキック」に変えても、懸命に蹴っていたときと同じ速さで進んでいけます。

姿勢のチェックには基本中の基本となる、伏し浮きが有効です。これで下半身が沈む人は、キックの力が推進力とは別に、足を浮かせるためにも使われていた、ということです。

50メートル程度泳いでみて、脚が疲れる人は、意識的にゆっくりとキックを打って、水中姿勢を確認してみましょう。これで下半身が沈んでしまう人も、次に紹介する「浮くコツ」を実践すれば、キックはラクになるはずです。

額に重心(体重)を乗せるイメージで

まず、下半身を持ち上げるように意識して浮いてみましょう。このとき額にグーッと重心（体重）を乗せるよう

伏し浮きでフォームをチェック

下半身をグッと持ち上げ、額に重心（体重）を乗せていく。つんのめるような感覚があれば、平行に浮けているはず。クロールで泳ぐときも、この感覚を忘れないでおこう

にイメージすると、脚が上がりやすくなります。

ポイントは、水面に対してできるだけ平行に浮くことです。額のイメージがつかめない人は、脚にプルブイかビート板をはさんでみてください。**つんのめるような感じ**を受けると思います。でも、これぐらいでちょうど、水面に平行になっているんです。ビート板やプルブイを外して泳ぐときも、この感覚をつねに意識しましょう。

脚を上げることで、へそのあたりにある重心を浮き袋の役割をする肺（＝浮心）に近づけるようなイメージになるので、下半身がとても浮きやすくなります。

平行に近い状態で浮くことができれば、足を浮かせることにキックの力を使わなくてすむようになります。つまり、その分を節約した「ゆるやかなキック」でも、効率がよくなっているので十分に進めるんです。

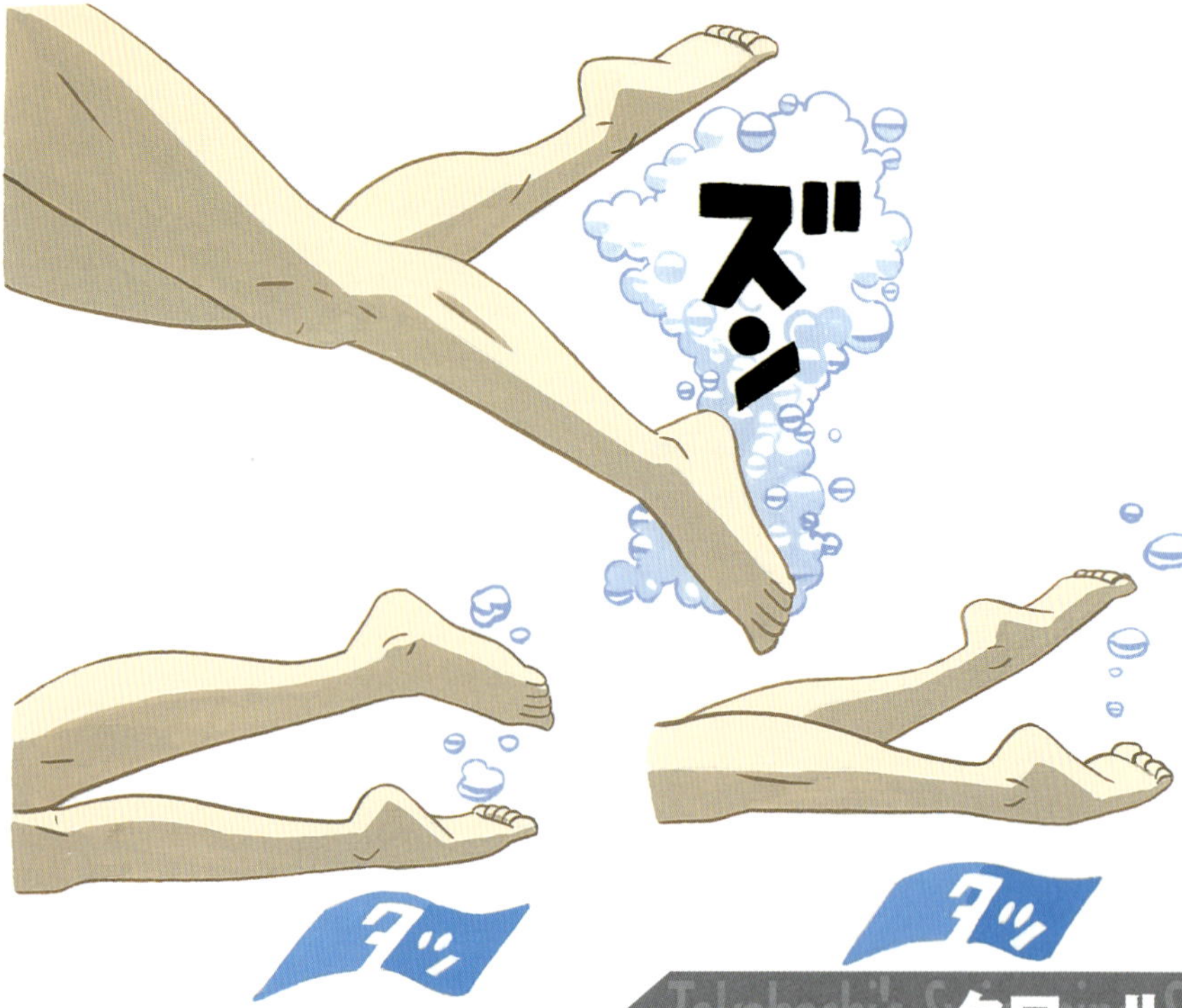

フォームをチェック❷

リズミカルに「進むキック」の感触を覚えましょう。

「ズン、タッタッ」のリズムでキックを

次のチェックポイントは、キックのリズムです。背泳ぎのキック（34ページ参照）でも説明しましたが、リズムを意識しないと、まじめな人ほど「ズン、ズン、ズン、ズン」とすべてのキックに力を込めて、すぐに疲れてしまいがちです。

キックもメリハリをつけて、優雅に**ズン、タッタッ**とワルツのリズムで打っていきましょう。

最初の「ズン」はやや強く、あとの「タッ、タッ」は小さく打つイメージです。これなら3回に1回しっかり打てばよいので疲れにくくなり、ワルツのリズムはゆったりと優雅な泳ぎにつながるでしょう。

キックは足首をやわらかく使う

打つときのポイントは「ズン」のときに、足首を内側に向けることです。これで蹴り下げたときに足首がしなり、

水を後ろへ送り出しやすくなります。

また蹴り下げるときは、腰（脚のつけ根）→太もも→ヒザから下、と脚全体をムチのようにしなやかに動かしましょう。最後に、しなっていた足首を「ピッ」と伸ばせば、蹴り下げる力をムダなく推進力に活かせます。

「タッ、タッ」のキックは、足首の力を抜き、小さくやわらかく打ちましょう。それだけで十分に、カラダのバランスを保つ役割を果たします。

この「ズン、タッタッ」のキックをマスターすれば、力まかせにキックを打つよりも、ラクに泳げるんです。

足首をやわらかく使う

蹴り下げる足首のしなりを見てほしい。蹴り下げの最後に、力を抜いてしなっていた足首に力を入れれば「ピッ」と伸びて、キックの力をムダなく推進力に活かせる

ズーマーを使えば足首の動きがすぐわかる

上で説明した、足首のしなりやうまく進むキックの感覚は、ズーマーを使うと簡単に体感できる。ズーマーを外したあとも、うまく進んだときの感覚をカラダが覚えている

フォームをチェック③

伸びやかに泳ぎながらラクに呼吸しましょう。

クロールの「横呼吸」にもコツがある

クロールの呼吸は、かきのタイミングに合わせ、かく側へ顔を向けて「横呼吸」します。これは、呼吸のために顔を十分上げられるほかの泳法と大きく異なる点です。

「ゆったりと美しい動作」で呼吸するのが難しいという人は多いと思います。これは、腕を水上へ上げたときに水の浮力のサポートが得られなくなるために、カラダが沈みやすくなるからです。

理由は、ほかにもいくつか考えられるので、ここからはタイプ別にゆったり美しい泳ぎを崩さず、ラクに呼吸できるコツを紹介していきます。

確実に呼吸してからコツを覚える

まず、呼吸のたびに顔が前に出る人は、アゴを引いて少し後ろを向くように顔を上げてみましょう。このときのポイントは、かくと同時に胴体をひね

呼吸をする瞬間、カラダが少し沈む

一般的には、かき手の手のひらが顔の手前にきたタイミングで、顔を横にひねり始める。アゴを引き、耳を肩に乗せるイメージで顔を横に向けると、ラクに呼吸できる。水上にしっかり口が出たら「パッ、ハァ、ンッ」。リカバリーする腕の重みで、カラダは少し沈むが、肺が浮き袋となるので、すぐに浮いてくる。上級者は顔を上げる前に鼻からも少しずつ吐き始める。慣れてきた人は、試してみるとよい

ることです。そのときに顔も少しひねると、よりラクに呼吸できます。

目線は30～45度上を見るように。この呼吸で泳ぎ続けられるようになったら、徐々に横向きへ修正しましょう。

アゴが出てしまう人は「水上に顔を出そう」とする意識が強いからだと思われますが、**アゴを引き、耳を肩に乗せるイメージ**で顔を横に向けてください。これだけでも口は十分に水上へ出ていますから、呼吸はラクです。

カラダをひねりすぎて上を向いてしまう人は、水面を見るイメージで顔を上げましょう。また、意識をかき手ではなく、前に伸ばしている手に向けてみてください。

手が呼吸する側（内側）にズレる人もいます。伸ばす手が内側に入るとカラダは回転してしまうので、少し外側へ伸ばすつもりでかいてみてください。

大切なのは、確実な呼吸です。しっかり吸えば苦しくなりません。落ち着いてこれらの動作を身につけましょう。

Takahashi's Swimming System クロール

フォームをチェック❹

「ストレッチングタイム」でかきの推進力を活かします。

入水したらストレッチングタイム

長く泳ぐと疲れる人は、手を入水させたらすぐかき始めずに、前にひと伸びする「ストレッチングタイム」をとってみましょう。

手をまっすぐ前に伸ばし「スーッ」と**水に乗るイメージで、手のひらに体重をかけて**いきます。ここで腕に力が入ると手が深く沈んだり、動作がぎこちなくなったりするので注意してください。このひと伸びで水から受ける抵抗が減り、1かきの推進力を活かして進めます。

もう1つ、入水時に、手についた空気の泡を落とす効果もあります。手に泡がついたままでは、水をうまくとらえられないんです。浴槽に手おけを沈め、傾けて出てくる泡をかいてみると、その感覚の違いがわかると思います。

また手の入水時に、なるべく泡をつけないために、親指から「スッ」と水を切るように入れてください。

手のかきはひと伸びしてから

①②リカバリーしてきた左手を入水させ、前に伸ばしていく
③右手で水中をかいていき、その間、左手でひと伸びしてストレッチングタイム
④十分伸びたところでヒジを立て、水を大きくとらえてかいていく

「ズン、タッタッで1かき」のリズム

水中のかきも、効率よく進む動作に進化させていきましょう。

まずは「ズン、タッタッのキックで1かき」のペースにしてみてください。ゆっくり動かしたときに、これまでのかき方で進まなくなるようであれば、力まかせの効率の悪いかき方で泳いでいたのかもしれません。

水をとらえ、後ろに送り出すように動かすのが「効率のよいかき」です。手のひらでサッカーボールを手前に転がしてくるようにイメージするとわかりやすいかもしれません。ボールを左右に逃がさず、まっすぐ転がしてくるイメージでかけば、水をうまくとらえられるでしょう。

水をしっかりとらえることができれば、ゆっくりかいてもカラダを前に進められます。

フォームをチェック⑤

「ゆっくり泳ぐ」ことで泳ぎの改善点が簡単に見えてきます。

ゆったり、ゆっくり泳ぐ

これまでのコツを確認しながら、キックや手のかきの動作をゆっくりと行って25㍍を泳いでみましょう。

「ズン、タッタッ」のリズムを「ズン……タッ……タッ……」とやや遅く、より小さくして、そのリズムに合わせてかいていき、ゆっくり進みます。

さらにゆっくり泳ぐのですから、これまで気づかなかった水の感触もつかめると思います。

●呼吸がラクにできているか

30～45度上を向くように顔を上げ、呼吸しましょう。

●下半身が沈んでいないか

沈んでいるようなら、重心を額に乗せるようにイメージしましょう。

●キックで足首を使えているか

足首のしなりを意識しましょう。

●かき出す前にひと伸びしているか

入水したら手を前に伸ばし、手のひらに体重をかけましょう。

下半身が浮いているか
キックで足首を使えているか

かき出す前にひと伸びしているか

しっかり水をとらえてかいているか

● **しっかり水をとらえてかいているか**

サッカーボールを、左右にブレないよう、まっすぐ手前に転がしてくるイメージでかきましょう。

少しずつ「美しく、効率よく泳ぐ」コツをつかんでいけば、キックやかきをゆっくり行っても、カラダがスムーズに進むようになっていきます。この過程で、上達を実感しながら泳ぐのが、楽しいんです。

もっときれいに泳ぐために❶

かき始めはヒジを立てて水を大きくとらえましょう。

かき始めはヒジを残すイメージ

ここからは効率よく、よりきれいに泳ぐための「かきの動作」についてくわしくチェックしていきます。

かき始めに、腕で水を押さえつけるように動かしている人はいませんか？　それでは力が、進む方向と水を押さえつける方向に分散されてしまいます。

効率よくカラダを前に進めるためには、入水した手をひと伸びさせたあと、かき始めでなるべく早く「水を後ろに送り出す」形をつくりましょう。ただし、手のひらだけを後ろへ向けてはいけません。水の抵抗を手の甲に受けてブレーキになりますし、そのあとで腕をスムーズに動かせなくなるからです。

そこで、かき始めは少しヒジを残すようにイメージし、**ヒジから先の部分で水をとらえる**ようにしてみてください。ヒジが立つような形になります（かき始めの動作は166ページ参照）。

ヒジを立てるようにかき始めれば、

キャッチアップクロールでかきの動作を確認

1かきごとに両腕を前に伸ばしてそろえるキャッチアップクロールで、かきの動作を確認しよう

腕全体で水を大きくとらえられます。逆に、ヒジが落ちている状態では、かきが水をなでるような感じになって腕の力がうまく伝わらないんです。

ヒジを立てることができない人は、かき始める前にスカーリングを意識して、手を少しだけ外に開いてみてください。こうするとヒジを立てやすくなり、水をとらえる感覚がつかめるというメリットもあります。

そのあとは腕を後ろにかくというより、腕の位置を変えずにカラダを前に進めるイメージでかきましょう。

ドリルでかきの動作を確認する

かきの動作を確認しながら泳ぐには、毎回、両腕を前にそろえてからかき始める「キャッチアップクロール」が最適です。これなら、かきのコツや感触を片方ずつ確認しながら泳げます。

ただしキックのリズムとズレやすいので、リズムは意識せずに、ゆったりかくといいでしょう。

Takahashi's Swimming System クロール

もっときれいに泳ぐために②

水上では、ヒジから先の力を抜いて回しましょう。

自然な「リカバリー」で優雅に

水上に腕を抜き上げて前へと戻す「リカバリー」の動作にも、きれいに泳ぐポイントがいくつかあります。

まず、かき終わった手は、ズボンのポケットから抜き出すようなイメージで、水中から抜き上げましょう。また、腕力に自信がある人なら、水上に出す前に、指先で水を最後まで押し出すようにしてみましょう。1かきで進む距離をさらに延ばせます。

手を抜き上げたら、ヒジから先の力を抜いて前に伸ばしていきましょう。

また**親指を下に向けカラダの側面のラインに沿って手を前に戻して**いけば、エルボーアップ（水上でヒジを高く保つ状態）が自然にできて、きれいなリカバリーになります。

「肩が硬くて腕が回しにくい」人は、肩の後ろにある肩甲骨から動かすように意識してみてください。スムーズに腕が回るようになるはずです。

自然なエルボーアップ

ヒジから先の力を抜いて親指を下に向け、体側のラインに沿って戻せば、自然にエルボーアップする

きれいなリカバリー

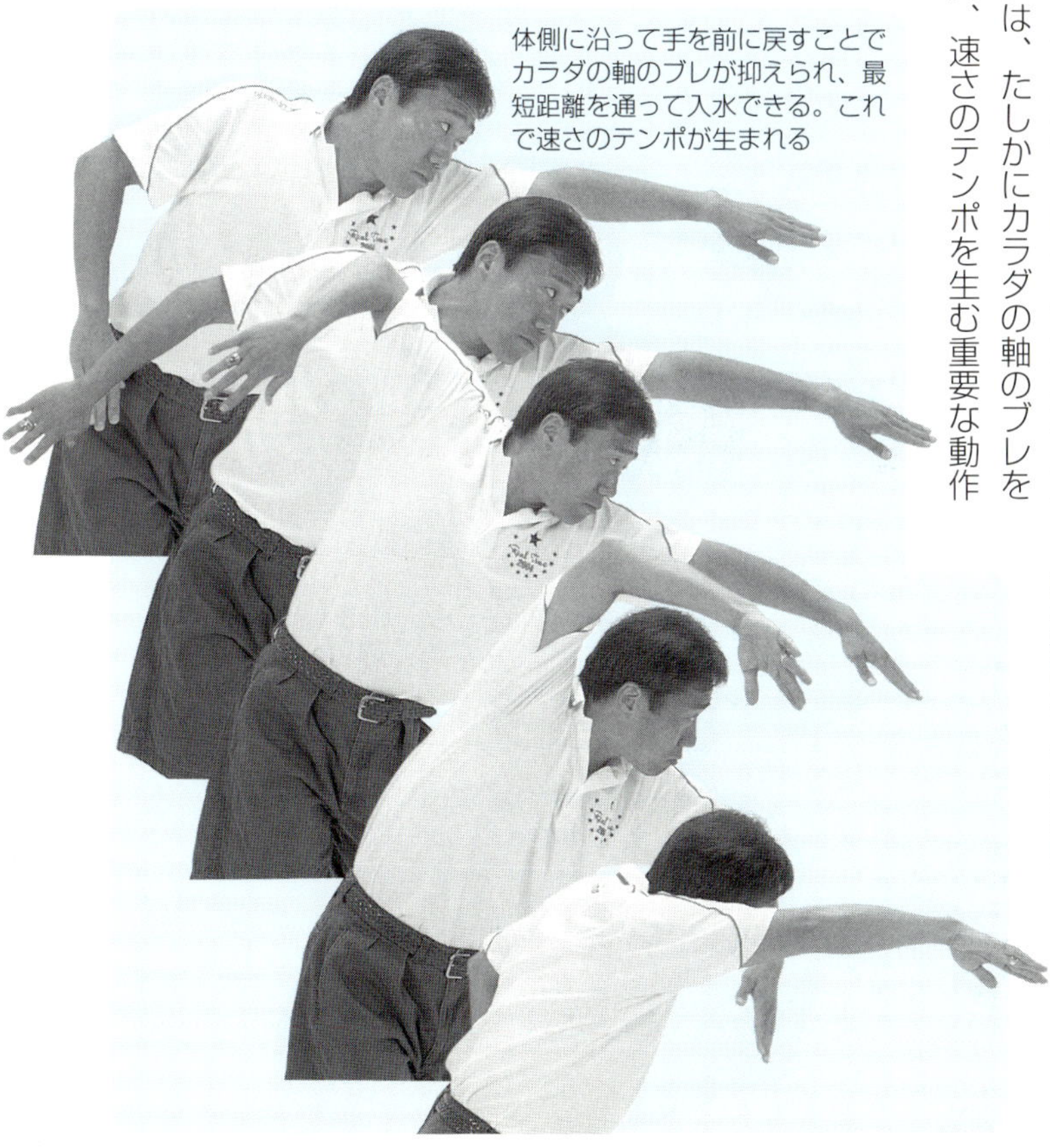

体側に沿って手を前に戻すことでカラダの軸のブレが抑えられ、最短距離を通って入水できる。これで速さのテンポが生まれる

エルボーアップは意識しない

リカバリーで大げさにヒジを立てている人はいませんか?

トップスイマーにとってエルボーアップは、たしかにカラダの軸のブレを抑え、速さのテンポを生む重要な動作です。でも、この本では「ゆったり優雅なクロール」が目標ですから、同じヒジでも、水上でのエルボーアップより、かき始めに「ヒジを立てること」を意識してください。

もっときれいに泳ぐために③

「ローリング」は腰主導になります。

カラダの軸を中心にローリング

クロールは、カラダの中心にある軸から、上半身を左右交互にローリング（回転）させて泳ぎます。

このローリングには、

- 腕が前に出る（水を遠くでつかめる）
- 呼吸の動作がラクになる
- 重心を前に乗せやすい

といったメリットがあります。

肩甲骨を使って腕を回せば（160ページ参照）、上半身は自然にローリングしますが、これをよりスムーズに行うために、先に腰を少し動かす意識をもちましょう。

「肩でもいいじゃないか」と思われるかもしれませんが、肩を意識してローリングすると、カラダをひねりすぎてしまうおそれがあるのです。

腰主導のイメージで動かしてやれば、肩が回りにくかった人でも、比較的ラクにローリングできるようになりますし、カラダの軸がしっかりしやす

ローリングを効果的に使う

リカバリーしている右肩が上、水中で前に伸ばしている左肩が下の状態

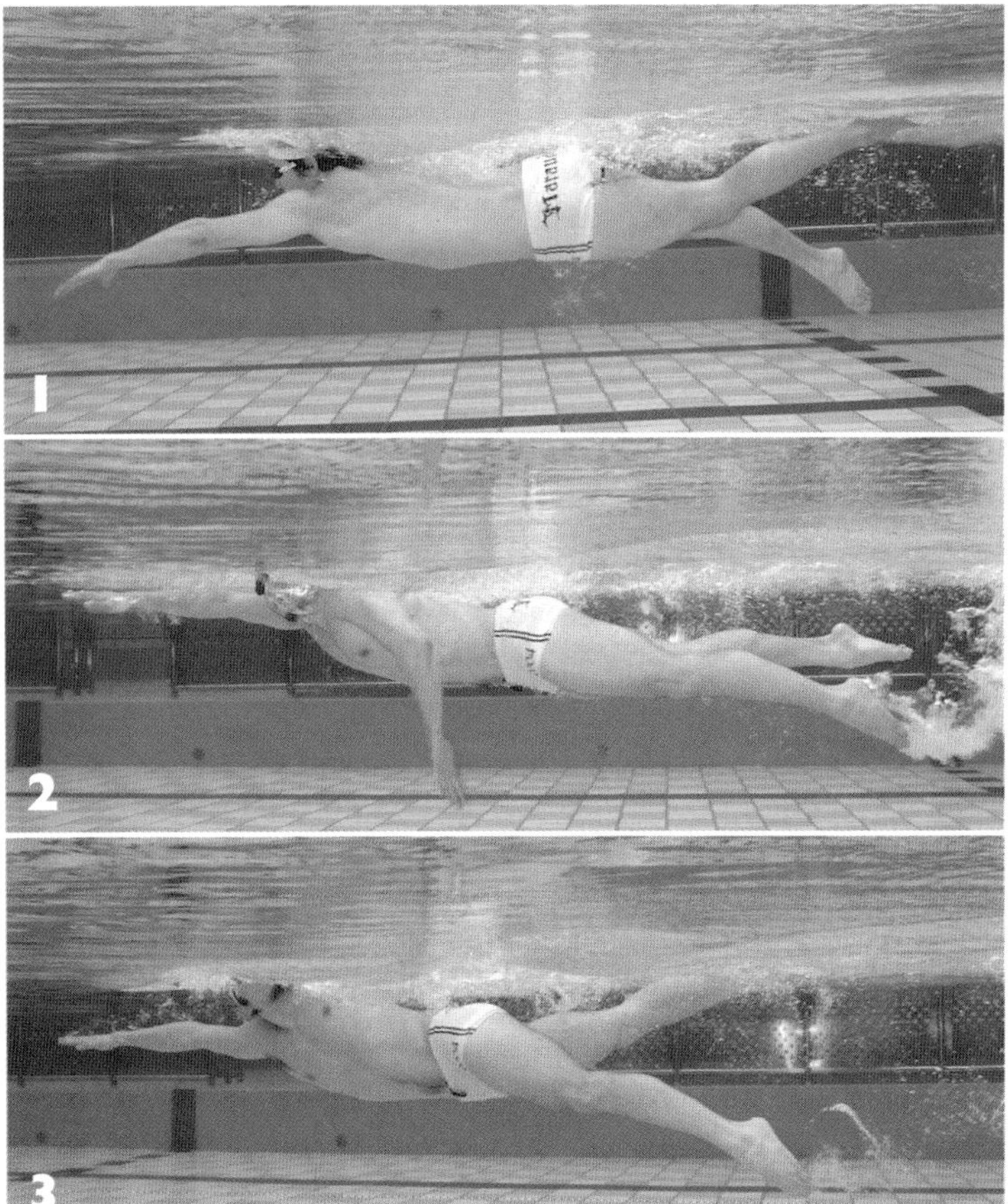

①左手をかき始め、右手は入水直前のタイミングで腰を少し動かして回転を主導する
②③腰を意識したことで左肩が上、右肩が下にスムーズにローリングしていく

いので、より安定した姿勢で美しく泳げるようになります。

またクロールは、基本的にキックはまっすぐ打てますが、肩主導でローリングすると、カラダをひねりすぎて、キックが左右にブレることもあります。それを防ぐためにも、ローリングは腰主導と意識しましょう。

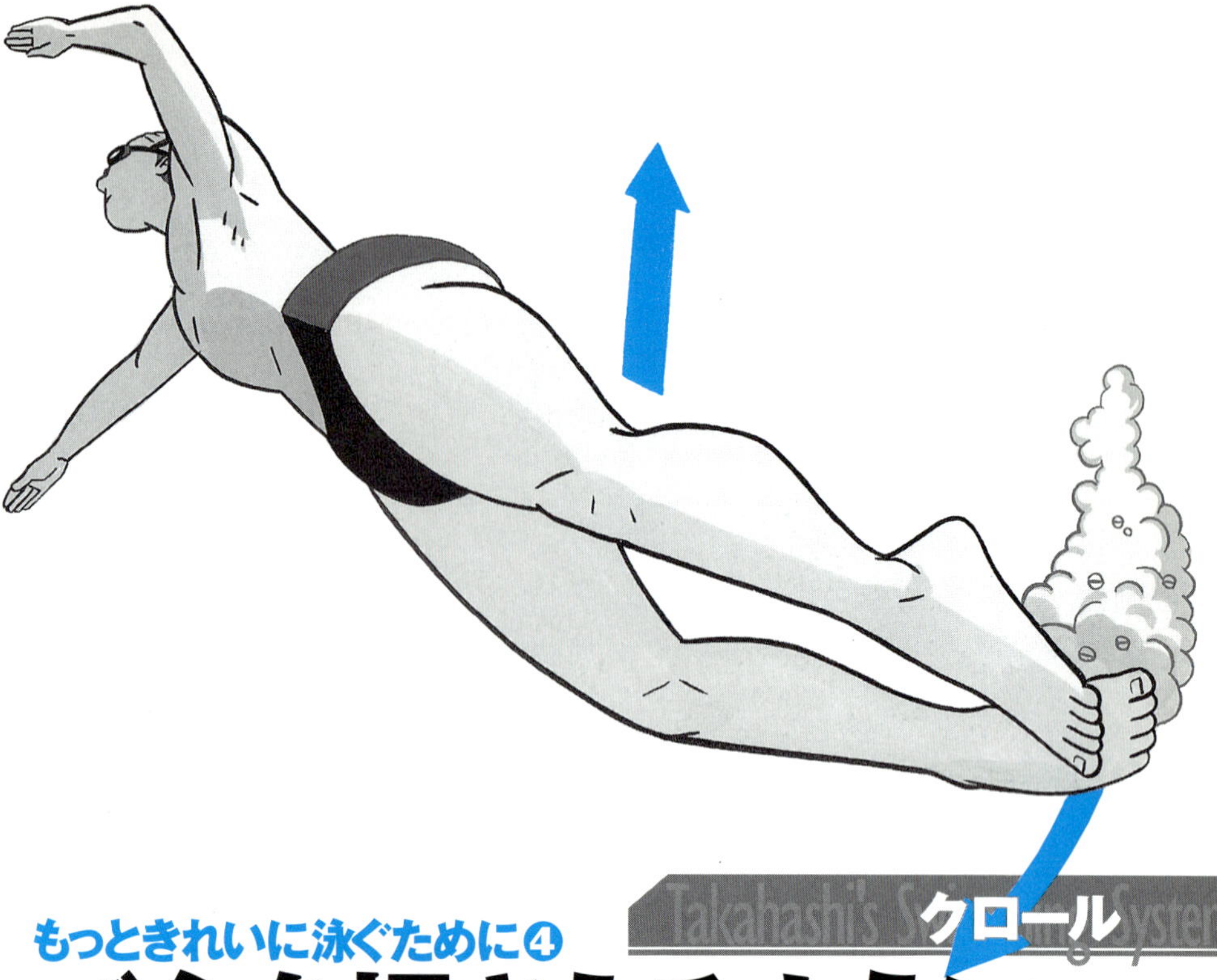

もっときれいに泳ぐために④

バネを押さえるように脚を戻していきましょう。

脚の押し上げにも意識を向ける

キックをより効率よく進化させるために、脚を上げていく「アップキック」にも意識を向けてみましょう。

蹴り下げた脚を上に戻すときに、脚の上にある水を太もも、ふくらはぎ、足の裏と、**脚全体を使って「グーッ」と押し上げて**いきます。

かかとが水上へ出るくらいまで押し上げたら、そこでためた力を解放するように再び蹴り下げます。

脚にバネが1本通っているイメージです。バネを押さえるように脚を持ち上げておけば、勢いよく戻るバネのように、鋭いキックがスムーズに打てるんです。

このアップキックには、姿勢をまっすぐ保つ役割もあります。蹴り下げと押し上げの両方に意識を向ければ、上下動のバランスがとれるようになります。次のキックがラクに打てるので、カラダはより安定するでしょう。

アップキックを意識する

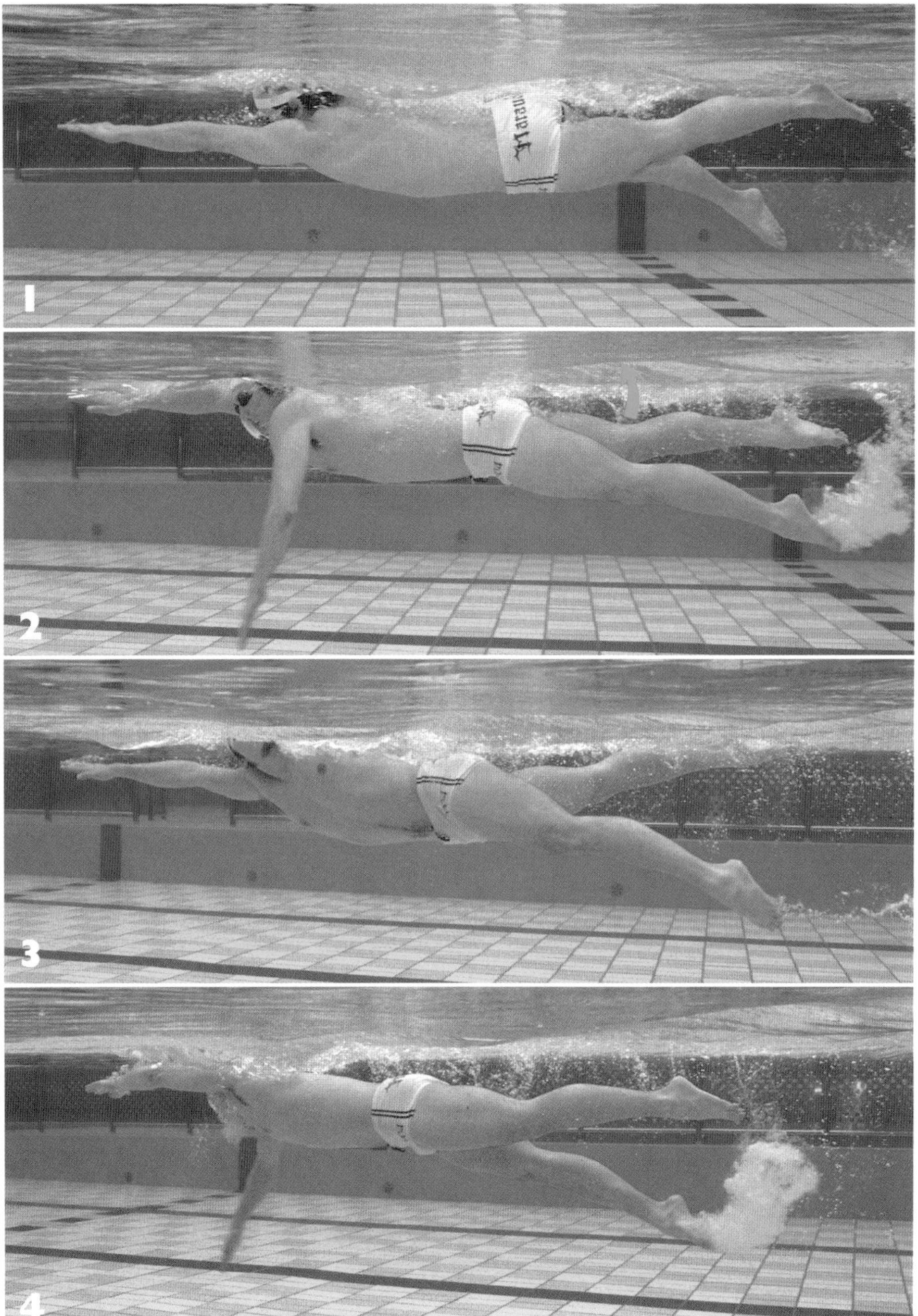

右脚の動きに注目してほしい。蹴り下げた脚を上に戻していくところ（①）。上にある水を押さえるように、太もも、ふくらはぎ、足の裏全体を使って押し上げていく（②）。かかとが水上に出るくらいに押し上げる。その押さえによって姿勢もまっすぐに安定する（③）。今度は蹴り下げた左足を持ち上げていく。右足はためた力を解放するように鋭くキック。左足の押さえでスムーズに蹴れる（④）

きれいに長く泳ぐために❶

かき始めに置く「力のポイント」が泳ぎをラクにします。

力を入れるポイントを前に置く

ゆっくりかくとしても、腕にずっと力を入れていては、すぐに疲れてしまう人もいるかもしれません。ゆったりきれいに、長い距離を泳ぐなら、力を入れるポイントを決めてかくようにしましょう。

そのポイントは「かき始め」です。入水後、手のひら（の上半分が理想です）に体重を乗っけるように「クッ」と力を入れてください。それと同時にヒジを立てると、カラダを進ませやすい体勢がつくれるんです。

しずく形の筒を転がすことをイメージしてください。頂点の部分にだけ力を入れれば、あとは慣性で動いていきます。力のポイントを決めてかくというのは、まさにこのイメージです。しずくの頂点に当たる**「かき始め」に力を「クッ」と入れれ**ば、あとは「スーッ」とラクにかいても、カラダは進んでいきます。

水を大きく丸め込むように

ただし、手のひらで水を下に押さえ込んでしまうと、深いところをかくことになり、効率が悪いうえに抵抗が大きいので、すぐに疲れてしまいます。
力を入れるポイントをかき始めに置くのは、そのほうが、より疲れにくいからでもあります。

かき始めなら大きな筋肉が使える

かき始め（キャッチ）とかき終わり（フィニッシュ）で、おもに使う筋肉を比べてみましょう。まずキャッチでは、上腕の内側の筋肉と胸の大きな筋肉を使います。対してフィニッシュでは、上腕の外側とヒジから先の前腕の筋肉でかかなくてはなりません。

当然、大きな筋肉が使えるポイントで力を入れたほうが、疲れにくくなります。

泳いでいて「すぐに疲れるなぁ」と感じる人は、ポイントをかき始めに置いてみてください。

長い距離でも、きれいに、ラクに泳げるようになるでしょう。

きれいに長く泳ぐために❷

キックを減らしていけば疲れ知らずで泳げます。

キックで疲れる人は、極力打たない

クロールは、キックよりもかきの推進力のほうが大きい泳法です。キックで疲れてしまう人は、極力打たないようにしてみましょう。

「ズン、タッタッ」のリズムはそのままに「タッタッ」の部分を蹴ったつもりで、実際にはバランスをとる程度に動かします。「ズン、……」ぐらいのイメージです。まったく打たないとバランスが保てないのであれば、小さめに打ってもかまいません。

2ビートクロール

「ズン、……」を進化させた、よりラクに長く泳げる「2ビートクロール」を紹介しましょう。右をかいて「ズン」、左をかいて「ズン」と打つ「1ストローク2ビート」の泳法です。

この泳ぎ方では、キックを打たない分、手でバランスを保つことを意識しましょう。

2ビートクロール

2ビートクロールでは、手をかく側とキックを打つ側がクロスする。キックと反対側の腕を伸ばすので、呼吸のために顔を上げても、カラダをひねりすぎることはない。また、フィニッシュにポイントは置かず、手のかきとストリームラインでカラダを「前へ」と進めていく

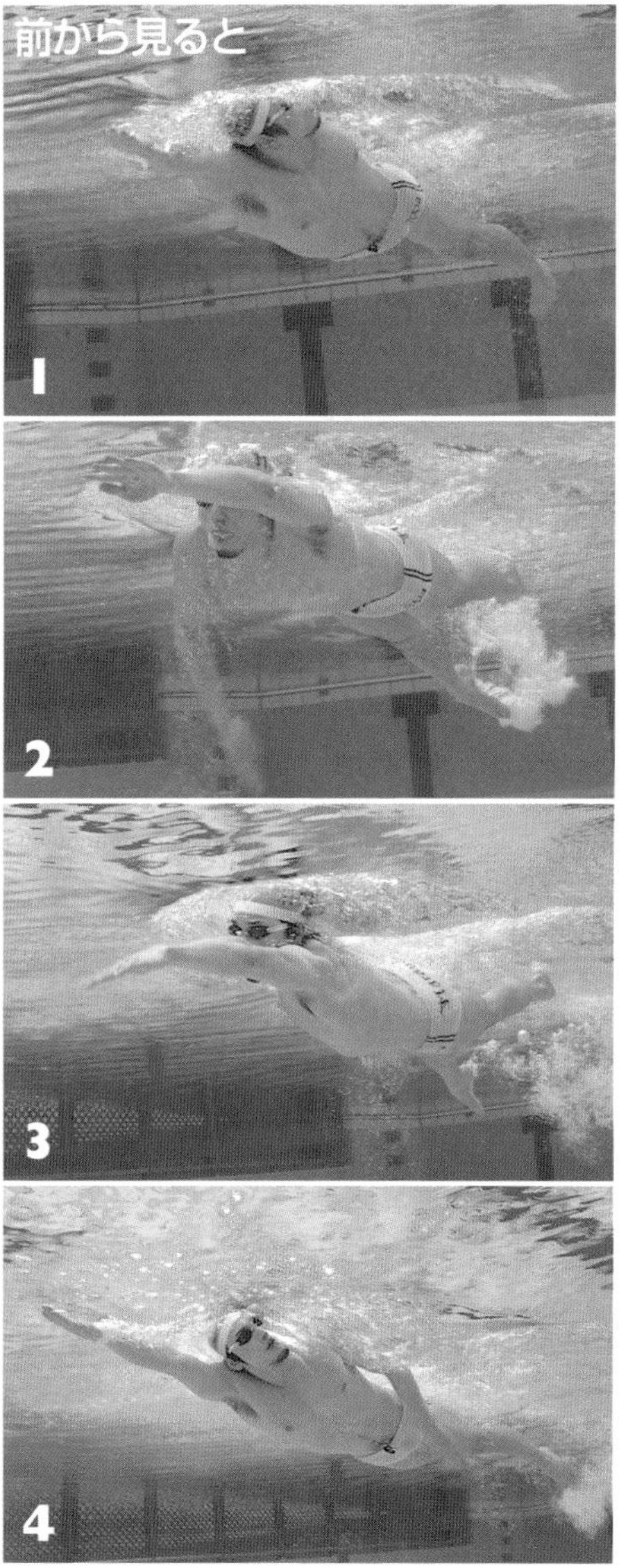

①左手がリカバリー、右脚は蹴り下げる準備
②右脚で「ズン」。入水した手を前に伸ばしていき、左脚を持ち上げていく
③右手のかきの推進力で伸びる。左脚はまだ蹴らない
④左脚で「ズン」。左手をかいていき、右手は前に伸ばす。右脚は蹴らないで持ち上げていく

①水面を押さえるように右脚を持ち上げる
②ムチのように蹴り下げる。足首の使い方にも注意
③右脚で「ズン」。今度は反対側の脚を持ち上げてキックの準備
④左脚はまだ蹴らない

サイドキックドリル

横向きで浮き、下側にくる腕を前に伸ばす。このとき手のひらは下に向ける。この姿勢でキックして進む。横になることで、ふつうに泳いだらわかりにくい脚の戻し（押し上げ）の感覚がつかめる。顔だけ横に向き、カラダはなななめになってしまう人が多いので気をつけよう。

1

2

クロールのドリル

これまで解説してきたクロールのポイントがつかめれば、きれいでゆったりとしたクロールはほぼできていると思います。それをより確実にマスターするために、ドリルでフォームをチェックしてください。

キックに関するドリルを4つ紹介します。手のかきに関するドリルを1つ、手のかきに関するドリルを4つ紹介します。

上のサイドキックは、背泳ぎのドリルで紹介したもの（64ページ）と同じ動作ですが、クロールの場合は脚を戻す「押し上げ」を意識しましょう。

左のドルフィンキックと172ページのヘッドアップは、あえて困難な状況をつくって、体重を前にかける感覚を練習するものです。

173ページのエルボーアップと174ページのストレートアームは、手のかきの軌道を矯正するものですが、ゆっくりとした泳ぎではなく、速く泳ぐためのドリルです。

ドルフィンキックドリル

手のかきはクロール、脚はバタフライのキックで進む。入水からかき始め（キャッチ）のときに、カラダをうまく手に乗せられるかチェックしよう。脳や神経に、ふだんと違う刺激を与えて、その状態で正確な動作ができるかチェックする、ちょっと高度なドリル。

ヘッドアップドリル

頭を水面に出して泳ぐ。頭を上げる分、下半身が沈みやすくなるが、それを避けるために体重を前にかけて泳ごう。また、頭が上がっている分、入水（エントリー）からかき始め（キャッチ）までが意識しやすい。

エルボーアップドリル

手のかきで上げるヒジを、ふだんより高くして泳ぐ。体側に沿って手を戻すことで、入水までの腕の動きのゆがみを矯正できる。また、カラダに近いところで腕を回すので、入水までの最短距離がわかる。どちらかといえば、速く泳ぐためのドリル。②の直後に手のひらでわきに「ポン」と触れる。

ストレートアームドリル

ヒジを曲げず、カラダの上を大きく回してリカバリーする。入水したあとはふつうのかきに戻すこと。腕を回しやすいので、肩甲骨を使った大きな腕の回しが実感できる。とくに肩が硬くて回しにくい人は、ストレッチ代わりに取り組んでもいいだろう。

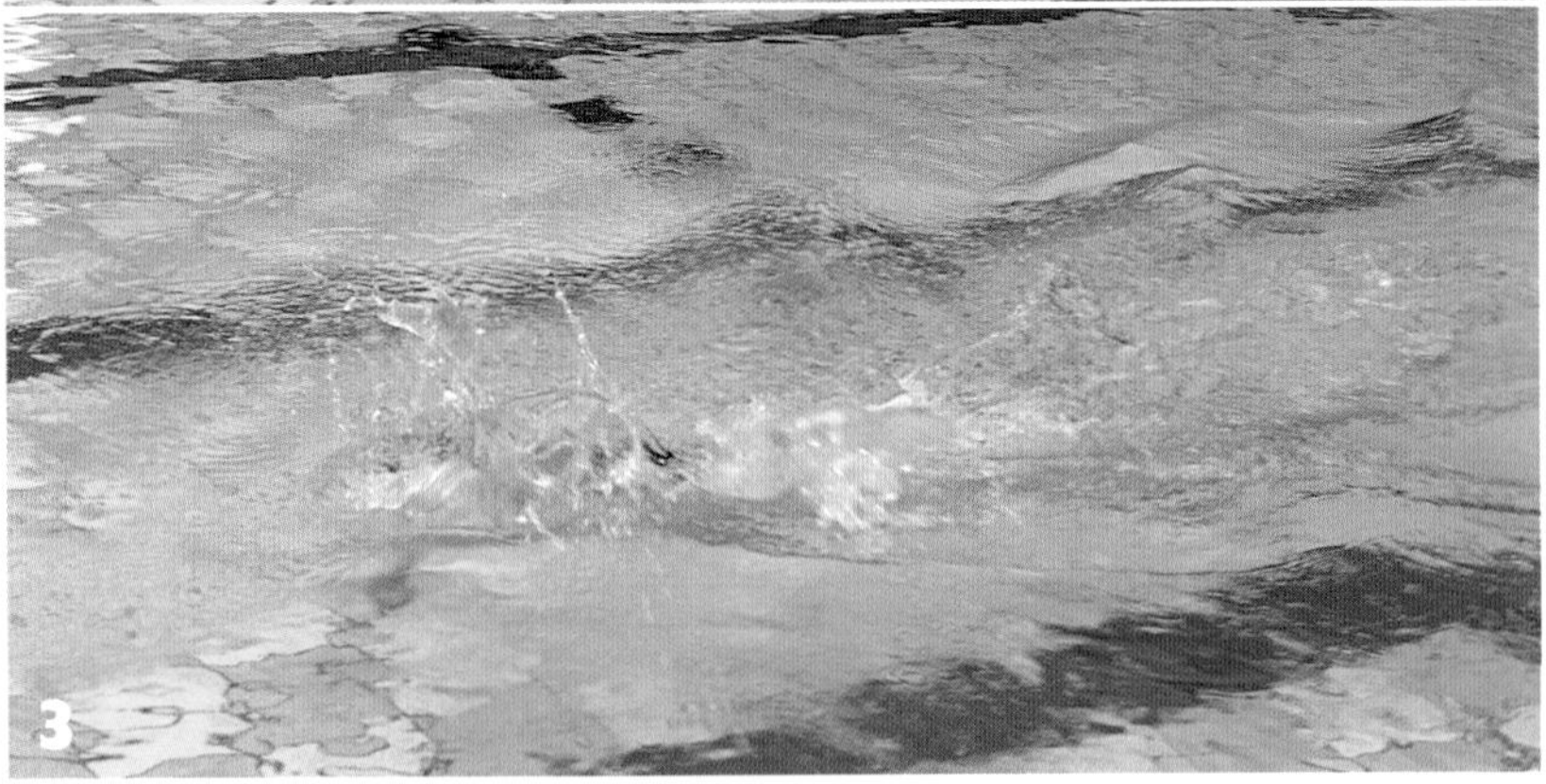

Staff

写真モデル

竹内勇紀（背泳ぎ）

磯田順子（平泳ぎ）

河本耕平（バタフライ）

細川大輔（クロール）

池田早耶香

南雲雄治

衣装協力　ミズノ株式会社

撮影協力　八王子市北野余熱利用センター（あったかホール）
東京都八王子市北野町596 - 3
TEL 0426 - 56 - 4126

撮影　金田邦男

イラスト　安ヶ平正哉

執筆協力　大野マサト

編集協力　(株)文研ユニオン
和田士朗・大澤雄一
ワイジェイティー
長田渚左

高橋式スイミングレッスンをあなたに！


「とにかく泳げるようになりたい」「カッコよく泳ぎたい」「泳ぎを進化させて自己ベストを出したい」…そんな想いを抱いている方の一助になりたいと、高橋雄介は考えております。

そこで『4泳法がきれいに泳げるようになる！』『クロールがきれいに泳げるようになる！』を読まれ、直接レッスンを希望される個人の方や市民サークルなどの団体がいらっしゃるようでしたら、できるだけお応えしたいと考えております。

まずは、氏名（団体名）、連絡先、住所などを明記のうえ、下記のメールアドレスまたはFAX番号にご送信ください。

アドレス：ippansho@takahashishoten.co.jp
FAX番号：03 - 3943 - 4047（高橋書店編集部）

＊なお上記の内容、番号などは都合により変更される場合があります。

●著者
高橋雄介（たかはし ゆうすけ）

1962年生まれ。東京都出身。中央大学理工学部教授。文部科学大臣公認水泳A級コーチ、JOCオリンピック強化スタッフ。高校、大学でバタフライの選手として活躍。86年から5年間、米国アラバマ州立大学にコーチ留学。ダン・ギャンブリル、ジョンティー・スキナー両ヘッドコーチに師事し、世界最新の科学的トレーニングを学ぶかたわら、老若男女の一般スイマーを指導。泳げない人を「泳げるようにする」第一人者となる。日本の競泳を世界のトップレベルに導きつつ、より多くの人に水泳の楽しさを知ってもらうため、一般スイマー向けのスイムクリニックも開催。91年から母校の中央大学水泳部コーチに就任。2002年から同部監督。1994年から前人未到のインカレ11連覇を成し遂げる。

◯著書
『クロールがきれいに泳げるようになる！』『クロールが速くきれいに泳げるようになる！』（高橋書店）など。

4泳法がきれいに泳げるようになる！

著　者　高橋雄介
発行者　高橋秀雄
編集者　小元慎吾
発行所　高橋書店
〒112-0013　東京都文京区音羽1-26-1
編集 TEL 03-3943-4529 / FAX 03-3943-4047
販売 TEL 03-3943-4525 / FAX 03-3943-6591
振替 00110-0-350650
http://www.takahashishoten.co.jp/

ISBN978-4-471-14081-6

※本書についての問合せ　土日・祝日・年末年始を除く平日9：00〜17：30にお願いいたします。
内容・不良品／☎03-3943-4529（編集部）
在庫・ご注文／☎03-3943-4525（販売部）